# 30

## 使命与足迹

中国大学出版 30 年巡礼

中国大学出版社协会 编

**Mission and Footprint** / Celebration of the 30th Anniversary of China's University Publishing

北京师范大学出版集团
BEIJING NORMAL UNIVERSITY PUBLISHING GROUP
北京师范大学出版社

编委会名单（按姓氏笔画排名）

王明舟　邓晓益　代根兴　邢自兴
毕研林　吕建生　刘　军　李永强
何建庆　汪春林　林　全　岳凤翔
金英伟　宗俊峰　赵玉山　魏小波

# 目 录 CONTENTS

# 01 | 砥砺奋进三十载
继往开来展新篇

时光荏苒，融入在国家改革开放、经济腾飞的洪流，伴随着大学出版事业从起步到繁荣的脚步，不知不觉间中国大学出版社协会已经走过了 30 年的历程。在 30 年的发展历程中，中国大学出版社协会肩负团结大学出版社携手共进的使命，脚踏实地、开拓前行，留下了一串坚实而闪光的足迹。今天，我们纪念中国大学出版社协会成立 30 周年，回顾协会 30 年的砥砺奋进历程，总结协会 30 年来的宝贵发展经验，勾画未来的建设发展宏图，无疑将更大地激发我们协会工作者、大学出版人进一步办好协会、做好协会工作的热情，更加地坚定我们开创大学出版事业辉煌明天的决心！

1987 年 6 月，中国大学出版社协会成立大会在西安召开，宣告大学版协诞生

## 一、大学版协的成立与建设

中国大学出版社协会（以下简称"大学版协"）诞生于改革开放初期，全国大学出版社体系初步形成，走向巩固提高、蓬勃发展的1987年。

大学出版社从1979年开始恢复和兴建，到1986年年底全国已经有大学出版社73家，数量占当时全国出版单位总数的16.3%，大学出版社已具有相当的规模，出版社的建设和出版工作也取得了一定成绩。为了加快发展、开拓出版市场，不少大学出版社一起开展和参加大型活动，1985年前后华北、华东等地区自发成立了本地区的大学出版社"协会"，有组织地开展活动。这对大学版协的形成、建立起到了催生的作用。1986年7月中宣部、国家教委和国家出版局组织召开第一次全国大学出版社工作会议，明确了大学出版社的性质、作用、任务等问题。10月国家教委和国家出版局发布了《高等学校出版社工作若干问题的暂行规定》，标志着大学出版社体系的初步形成。大学版协正是在这样的历史条件下，为适应政府主管部门更好地管理大学出版社、指导大学出版社工作，适应大学出版社共同的工作和事业发展需要，于1987年6月应运而生的，全国大学出版社从此有了自己的"大学出版社之家"。

协会最初成立时的名称是"大学出版社协会"，挂靠在中国教育协会之下，是国家二级协会。作为有特殊使命、鲜明特色和独特业务特点的大学出版业，其团体组织有着鲜明的行业特色，需要在政府机关的直接指导下独立开展工作、发挥作用。经过教育部和协会的共同努力，经民政部批准，1991年4月，在第三次大学出版社工作会议之后，协会冠上了"中国"字样，正式定名为"中国大学出版社协会"，成为受教育部条件装备司直接管理指导的国家一级社团组织。

大学版协成立之初被确定为一个松散性、学术性、研讨性的协会，以研究问题为主，围绕大学出版社当时关心的热点、难点、焦点开展研讨交流。当时的热点问题，第一个是竞争压力，在强手如林的情况下，大学出版社如何在图书市场上抢占一席之地；第二个是经济压力，大学出版社要上缴利润，自己还要生存发展；第三个是内部压力，尚处在建设、发展初期的大学出版社，内部的管理、分配等方面矛盾很多，机制的建设有待形成和完善。

这些问题都很实际，协会一边组织研讨，一边组织大学出版社一起想办法做实事来解决难题。为拓展市场、赢得发展，1989 年大学版协联合办起了全国大学出版社图书订货会，还组织大学社一起参与业界的书展、营销、会议等大型活动，1994 年又创办了《大学出版》期刊，还编辑出版了《全国大学出版社概览》，协会的性质逐步转向行业性协会。

此后，大学版协一直作为行业协会规范建设，逐步加强和充实服务功能，始终坚持早期确立的"政府管理部门的助手，联系政府与大学出版社的纽带、桥梁"的定位和角色，积极工作，努力发挥应有的作用。

2015 年起，根据《中共中央办公厅、国务院办公厅关于印发〈行业协会商会与行政机关脱钩总体方案〉的通知》（中办发〔2015〕39 号）、《国家发展和改革委员会关于做好全国性行业协会商会与行政机关脱钩试点工作的通知》（民发〔2015〕150 号）精神，大学版协被教育部列为脱钩试点单位。大学版协高度重视社会组织体制改革，积极参与了试点工作。2016 年 7 月 10 日，教育部办公厅发布《教育部办公厅关于取消教育部与高校校办产业协会、中国大学出版社协会主管关系的通知》，大学版协完成了与行政机关脱钩的任务，也为教育部提供了协会与行政机关脱钩工作的经验。今后，大学版协将按照中央有关要求，努力将协会建成政社分开、权责明确、依法自治的现代社会组织，办成依法设立、自主办会、服务为本、治理规范、行业自律的社会组织；按照大学出版社的需要，建成真正的"大学出版社之家"，办成大学出版社共同发展的平台。

## 二、30 年的发展与成就

中国大学出版社协会成立 30 年来，一直融入在改革开放、民族振兴，建设文化强国、深化出版体制改革，新老媒体融合、创新发展的国家改革发展大局中，做好政府主管部门的助手，发挥出版社与政府之间的纽带和桥梁作用，以全国大学出版社交流协作、共同发展平台的定位和功能，努力团结和组织全体大学出版社做好出版工作，不断深化改革，健康快速发展。

### （一）
充分发挥政府参谋助手和出版社与政府主管部门之间桥梁纽带的作用，推动大学出版界积极落实党和国家的改革发展精神

大学出版业的发展始终贯彻了我国政治、经济、文化体制改革的精神，大学出版社在改革中与时俱进，不断完善大学出版体制，建立健全机制，明确定位和发展目标。大学版协在大学出版业的发展过程中充分发挥桥梁纽带作用，及时将大学出版社发展中遇到的热点、难点问题向有关部门反映；充分发挥参谋的作用，积极配合政府有关部门寻求解决的办法；充分发挥助手作用，将党和政府有关改革发展的精神贯彻到大学出版社的工作和发展中，积极协助政府有关部门落实重大战略任务。

1.在大学出版的各个重要时期、重大工作中，把握导向，团结大学出版社保持正确的政治和出版方向，健康发展——大学版协始终以马列主义、毛泽东思想、邓小平理论、"三个代表"重要思想、科学发展观和习近平新时代中国特色社会主义思想为指导，紧紧围绕大学出版社改革发展的要求，团结广大大学出版工作者，认真学习贯彻党的出版方针政策。多年来，每逢党和国家重大会议召开、重要文件发布、重点政策出台，大学版协都通过文件、会议、网络等形式组织全国大学出版社认真学习；每个国家五年计划，都通过学习、讲座、交流等形式，引导重大选题的规划，并促进规划的落实；

[上] 2007年9月4日，大学版协在北京召开大会，纪念中国大学出版社协会成立20周年

[下] 2008年12月10日，中国大学出版社协会在北京举办大型座谈会，纪念改革开放30周年。图为有关领导在大会现场观看大学出版社精品图书展

通过年度全体大会及质量检查、优秀出版物评选等形式，对出版导向经常讲、具体做，努力促进优秀、品牌教材、专著和大众出版物的出版。特别是在转企改制等重要工作中，大学版协积极协助教育部和原新闻出版总署推进大学出版社出版体制改革，圆满完成了大学出版社的转企改制工作。促进了党和国家出版方针政策的贯彻落实，推动了大学出版业的健康发展。

2.坚持为党和政府的中心工作服务，努力把党和政府的决策与号召转化为大学出版工作者的实际行动——在大学出版业的发展中，教育部、原新闻出版总署（现国家新闻出版广电总局）、中宣部联合主持召开的全国高校出版社工作会议，起着明确定位、调整方略、

[上] 2009 年 7 月 29 日，大学版协组织教育部直属高校出版社领导研讨落实体制改革问题

[下] 2012 年 11 月 28 日，高校出版社学习贯彻党的十八大精神座谈会在教育部召开

制度规划、部署任务的重要作用。大学版协自成立之后，对历次高校出版社工作会议的举办都给予了积极配合和协助，2015年又协助教育部、国家新闻出版广电总局成功召开了高校出版工作视频会议，会前开展调研、提出建议，会后推动会议精神的贯彻落实。2008年年底，受教育部社科司委托，大学版协在北京组织召开"全国高校出版社纪念改革开放30周年座谈会"，全面回顾了改革开放以来大学出版业的改革发展历程，总结交流了大学出版社发展壮大的经验，探讨了新形势下大学出版社的发展思路。近年来，协会通过座谈、网调、函调等形式，协助教育部主管司局开展了大学出版社新体制状况、发展环境、改革发展遇到的问题、对改革的建议等情况的调研，为政府部门研究解决大学出版社改革发展中的问题、制定政策提供决策的依据，推进大学出版社改革。协会注重围绕党和政府的中心工作开展工作、举办活动，从而推动大学出版社的工作。2012年11月党的十八大召开以后，大学版协与教育部社科司一起在北京召开了"高校出版社学习贯彻党的十八大精神座谈会"，会后各出版社按照十八大精神完善发展规划，进一步明确了发展方向和目标。

3. 协助政府有关部门制定评估指标体系，促进各大学出版社的规范建设、持续发展——大学版协两次参与对大学出版社的评估工作。1996—1998年，大学版协协助原国家教委条件装备司开展了对全国大学出版社的首次评估，协助制定《大学出版社评估指标体系》《大学出版社评估办法》，组织专家参加评估验收组工作，对当时的87家大学出版社进行了评估。这次评估改善了出版社的办社条件，进一步明确了大学出版社为教学、科研服务的办社宗旨，提出了将学校的学科、人才优势与市场结合，创新出书特色等问题。2015年，根据中办、国办印发的《关于推动国有文化企业把社会效益放在首位、实现社会效益和经济效益相统一的指导意见》，按照中宣部出版局的要求，大学版协组织研讨，提出了针对大学出版社的特点与发展状况的评价体系建议，建议大学出版社评价体系框架采用二维分类方式，涵盖政治导向、发展定位、出版物质量、社会影响、内部管理、队伍建设、经济效益和学校保障8个一级指标，并细化29个二级指标。

[上] 1998 年 9 月 22 日，教育部大学出版社评估总结会在北京召开

[下] 2007 年 9 月 2 日，第六次全国高校出版社工作会议在北京召开

　　4.协助政府部门推进大学出版社体制改革——文化体制改革是"十一五"时期中央的重大决策，也是大学出版社发展过程中的一项重要任务，改革从启动调研、制定文件到落实完成，时间跨度将近 10 年，近百家有体制改革任务的大学出版社分为三批逐步完成。在改革的过程中，大学版协协助教育部和原新闻出版总署有关部门多次召开研讨会，进行出版社实地调研，广泛听取意见，收集、分析改革中的重点、难点问题，促进问题的解决。协助教育部、原新闻出版总署制定了大学出版社体制改革的指导性文件《高等学校出版体制改革工作实施方案》《关于高校出版社体制改革试点工作的若干意见》等。在转制工作中，大学版协对大学出版社的定性定位、体制模式、人员编制、改革后的校社关系及管理体制都提出了可行

性建议，并及时反映转制中大学出版社的意见与建议，为大学出版社体制改革的稳步推进、顺利完成发挥了重要作用。

5. 促进大学出版社参与国家出版领域重大工程建设——近年来国家启动设立了多项重大出版工程，大学版协高度重视，鼓励大学出版社积极参与。大学版协专门召开会议组织学习交流，邀请了国家出版基金规划办公室负责人介绍国家出版基金的实施情况，为出版社全面认识国家出版基金的性质与现状，了解有关政策、申报办法和办理程序，使大学出版社申报积极性和成功率都大幅提高。大学出版社积极参加了国家出版管理部门组织的历次五年重点出版物规划和国家级教材规划出版项目，积极参与了国家出版基金资助项目的"经典中国国际出版工程""国家古籍整理出版资助项目""国

家社科基金资助项目""三个一百原创出版工程"等，提升了大学出版社的责任与担当。

6.促进新技术在大学出版社中的应用——大学版协顺应网络化、数字化发展的历史潮流，21 世纪伊始，就在教育部社科司的倡导下建立了大学出版界的门户网站——中国高校教材图书网。近年来，大学版协积极响应传统出版与新媒体融合发展的新要求，通过每年订货会期间的"大学出版论坛"、社长大会以及研讨会等形式，多次研讨交流数字出版、网络销售、融合发展工作，全面推动大学出版业积极运用新技术、新媒体提升大学出版社出版工作的科技含量，更好地为教育和出版服务。2013 年大学版协与教育部社科司联合召

开"数字出版工作研讨会"，研讨利用数字技术推进大学出版社的发展问题。

7. 促进大学出版优质发展、图书质量提高——图书质量既是国家对出版的基本要求，也是出版社的生命线。多年来，大学版协一直注重通过会议、培训、图书评奖等活动，引导大学出版社优化出版结构，多出精品图书，提高出版质量。大学版协每年都协助国家新闻出版广电总局、教育部开展大学出版社出版物的质量检查工作。连续举办多年的大学出版社图书评奖活动，也一直被视为对各大学出版社图书质量的检阅，评奖过后还有总结分析性的质量报告；评奖在制度上注重向优秀的教材、学术著作、大众读物，向品牌书、

［上］1992 年 7 月，首届高校出版社社会科学优秀学术著作评选会在北京召开

［下］2012 年 6 月，全国大学出版社图书质量专题研讨会在北京召开

内容独创书倾斜。为落实原新闻出版总署"质量规范年"的工作部署，2006 年 7 月、2012 年 6 月，大学版协先后在京专门召开"全国大学出版社图书质量专题研讨会"，深入研究质量管理的制度建设和保障措施，请专家讲解图书质量的规范与要求，推动各大学出版社从思想认识、制度建设、人员管理多方面入手提高图书质量。

（二）

充分发挥"大学出版社之家"的行业群众组织平台作用，组织开展多项活动，团结大学出版社联合协作、共同发展

30 年来，大学版协一直注重发挥协会的团体和平台作用，针对业界及大学出版界工作、发展的重点、关注点，根据广大会员单位

的愿望和要求，以促进大学出版业整体健康快速发展为目标，努力团结和组织全体大学出版社，共同研讨出版工作、发展大计，一起开展出版业务、参与重大活动，从出版社建设到业务工作的多个方面开展了大量的工作和活动。

1. 每年召开全体理事暨全国大学出版社社长大会，群策群力、共谋发展——大学版协的工作必须建立在广大会员单位的共识和共同参与的基础上，无论从社团法规的要求还是协会工作的需要来讲，作为会员单位领导和代表的大学出版社社长会议就成为最重要的形式之一。大学版协成立之后，每年与当时的教育部条件装备司一起，组织召开全国大学出版社社长工作会议；从1999年的第12届全国大学出版社图书订货会起，就把每年的社长大会固定在了年底的订

[上] 1999年7月，第四届中国大学出版社协会全体理事会在北京召开

[下左] 2005年3月15日，第五届中国大学出版社协会在北京召开第一次理事长办公会议

[下右] 2009年10月30日，全国高校出版社社长会议暨第六届中国大学出版社协会第二次理事大会在厦门召开

第四届中国大学出版社协会全体理事会合影
1999年7月于北京

货会期间。在大会上，教育部、新闻出版广电总局、中宣部等上级机关的领导到会讲话，指导大学出版业的改革发展，协会总结年度工作，部署新一年的计划，会议开在岁末年初，为大学出版社集思广益，凝聚共识，掌握形势，明确任务。同时，协会也非常重视发挥常务理事会、理事长办公会的作用，按照制度定期召开、根据需要随时召开常务理事会会议、理事长办公会议，把民主决策以制度的形式贯彻到协会的建设和工作中。

2.常年组织各类学术研讨、工作交流活动，开辟了年会平台——为推动各大学出版社的建设与发展，大学版协多年来在大学出版社发展战略、编辑和选题策划、图书质量管理、营销和物流、经营管

[上] 2014 年 10 月 31 日，全国大学出版社社长会议暨第七届大学版协理事会议在南京召开

[下] 2016 年 11 月 2 日，中国大学出版社协会第七届第四次常务理事会会议在大连召开

[上左] 1991 年 8 月，第二届中国大学出版社协会常务理事会会议在哈尔滨召开

[上右] 2004 年 8 月，第二届全国大学出版社营销论坛在兰州举行

[下左] 2009 年 10 月 29 日，大学版协于第 22 届全国大学出版社图书订货会期间在厦门举办大学出版论坛

[下右] 2014 年 10 月 31 日，大学版协于第 27 届全国大学出版社图书订货会期间在南京举办大学出版论坛

理、财务工作、办公室工作、电子音像出版、数字出版、网站建设、装帧设计、维护权益、代办站工作等方面，组织了大量的研讨和交流活动。结合出版形势和发展的要求以及大学出版社普遍关注的热点，协会成立初期曾针对发行难点，多次召开全国大学出版社发行系统工作会议，促成了发行工作委员会的建立，加快了代办站渠道的建设。在我国加入 WTO 前的 2000 年和进入 21 世纪的 2001 年，大学版协先后两次组织召开社长层面的战略发展研讨会，研究我国出版产业面临的新挑战和可能带来的机遇，以及大学出版社的发展战略、模式和办社思路，明确了大学出版社要根据各社所处学校环境和发展阶段采取不同的发展模式，如大社大而强、中社中而特、小社小而专的特色发展思路。协会主办的一些大型研讨活动都已办出名气，形成品牌，如每年一届在订货会期间举办的"大学出版论坛"，每年举办的大学出版社与代办站的"社站合作研讨会"，多次举办的"大学出版社营销论坛""大学出版社数字出版论坛"，近年来连续举办的由一线编辑参加的"大学出版编辑论坛"等。

协会根据大学出版社图书订货会功能的变化因势利导,在2015年将订货会名称更改为"年会暨订货会",工作重心向研讨和学术交流倾斜,增加论坛等研讨交流活动的数量,拓展它作为大型综合活动的内涵,使这个大学出版界联合宣传营销、共推合作发展的重要平台,焕发了新的活力。

3. 推进大学出版社联合经营、市场化建设,举办全国大学出版社图书订货会——大学版协成立之时,国家正在推进图书发行体制改革。1988年5月,中宣部和新闻出版署联合发出《关于当前出版社改革的若干意见》和《关于当前图书发行体制改革的意见》,提出建立和发展开放式、效率高、充满活力的图书发行体制,放开批发渠道,推行横向联合,而当时处于发展初期的广大大学出版社,出版的教材专业性强,很难进入新华书店的销售目录,自身也未建立起有效的发行渠道。大学版协响应政策号召、顺应大学出版社要求,于1989年3月在武汉举办了首届全国大学出版社图书订货会,开启了大学出版社共同开发市场、联合销售的新形式,成为当时国内规模和影响最大的行业性图书订货会。早期的大学订货会还是摆摊式,进入21世纪,随着大学出版业的蓬勃发展,订货会的功能不断丰富,从2001年11月在大连举办的第14届全国大学出版社图书订货会起,到在会展中心举办的国际化、市场化、规范化订货会,充分发挥了协会的作用。近年来,随着以"互联网+"为代表的信息时代的到来,教材图书的营销和订货形式发生了巨大的变化,订货会传统的"订货"功能日渐衰落,顺应需要的"盛会"功能越来越凸显。为了适应这个变化,2015年大学版协将全国大学出版社图书订货会名称改为"年会暨订货会",不再举办过去那种规模庞大的图书订货会,改为在年会中举行大学出版社精品图书展示会。全国大学出版社图书订货会至今已举办29届(其中1997年3月、12月分别召开了一次),它以"展示、交流、服务、发展"为主旨,集展示宣传、看样订货、工作会议、学术论坛、社店交流、社校见面为一体,为大学出版社的联合宣传、营销、市场开发,为大学出版界的沟通交流、协作发展做出了重要贡献。今后这个重要平台还会以全国大学

[上] 1992 年 3 月，第四届全国大学出版社图书订货会在桂林召开

[中左] 2003 年 11 月 22 日，第 16 届全国大学出版社图书订货会在广州召开

[中右] 2016 年 11 月，中国大学出版社协会年会暨第 29 届全国大学出版社图书订货会在大连召开

[下左] 2010 年 11 月，第 23 届全国大学出版社图书订货会在南昌召开

[下右] 2011 年 11 月 18 日，第 24 届全国大学出版社图书订货会在宁波召开

出版社年会的形式继续发挥作用。

4. 开展评奖活动, 明确导向, 树立榜样, 激励大学出版社多出好书、多出人才——为展示大学出版社的优秀出版成果, 在大学出版界树立多出优秀"双效益"图书的正确导向, 1994 年大学版协首次举办了全国大学出版社优秀畅销书评选活动, 此后两年一届连续举办了 8 届。随着大学出版业的快速发展, 为适应加强优秀教材、学术出版、主题出版、弘扬主旋律的新要求, 2009 年, 协会将优秀畅销书奖更名并举办了"首届中国大学出版社图书奖"评选, 分别设立了优秀教材、优秀学术著作、优秀畅销书三个奖项, 同时举办了协会历史上的首次高校出版人物奖评奖。这两项评奖活动到 2015 年共举办了四届, 评出优秀教材、学术专著、畅销书共 2342 种 (第一届 553 种, 第二届 839 种, 第三届 494 种, 第四届 456 种), 其中教材 1034 种, 占获奖总数的 44.15%, 学术专著 889 种, 占 37.96%, 畅销书 419 种, 占 17.89%; 评选出高校出版人物共 109 人 (第一届 41 人, 其中包括 2009 年以前获得过韬奋出版奖、中国出版政府奖优秀出版人物奖、全国百佳

出版工作者奖的21人；第二届25人；第三届22人；第四届21人）。评奖更全面地反映出大学出版界的出书结构、出版成果，提高了大学出版社的精品意识、质量意识，反映出大学出版人爱岗敬业、发愤进取的奉献精神，树立了标杆，促进了出版人才的成长，评奖活动得到了大学出版社的广泛认可和积极参与。

5. 开展培训工作，提高员工素质，加强人才建设——大学出版事业的蓬勃发展，对出版社人才队伍建设和干部员工教育培训提出了更高的要求。协会成立以后，很快就设立了培训工作委员会，针对大学出版社的建设、经营和发展的需要，积极开展培训工作。一方面协助政府主管部门开展干部上岗培训和专业资质培训，多年来大学版协一直协助教育部、原新闻出版总署主管部门开展高校出版社社长、总编辑岗位培训班工作；近年来又配合国家新闻出版广电总局开展对大学出版社编辑人员的继续教育培训，在京多次举办"编辑出版业务培训班"。另一方面是自主开展行业培训，大学版协根据新形势、新要求和大学出版社专业人员培养的需求，先后多次举

办编辑、发行、财务、版权管理、经营管理、办公室等人员的培训，数次有计划地开办全国大学出版社编辑部主任和骨干编辑、发行主任和发行骨干培训班，协会成立初期的1989年曾在武汉大学举办了长达一年的发行业务骨干培训班，为成长中的大学出版社培养发行干部和骨干。大学版协开展的培训工作结合广大出版社人才培养和从业资格的实际需要，以按需施教、务求实效为原则，听课学习和研讨交流相结合，内容丰富、针对性强，形式灵活、注重效果。培训工作的开展促进了出版社优秀专业人才的成长、人才队伍的壮大，保证了出版社的持续发展。

6.加强编辑队伍建设，注重选题策划组织，为出版工作打牢基础——编辑是出版工作的基础，选题是出版工作的前提，在贯彻出版方针、落实出版任务、提高出版质量、实现两个效益中，他们始终处于非常关键的地位。大学版协也很早就建立起了编辑工作委员会，通过培训学习、研讨交流等各种形式，提高大学出版社编辑干

[左] 2008年3月，第三届全国大学出版社发行骨干业务培训班在上海举办

[右] 2017年10月，大学版协在北京举办第二期编辑培训班

[左] 2009年12月，大学版协在杭州举办全国大学出版社编辑部主任、骨干编辑培训班

[右] 2014年11月，在第27届全国大学出版社图书订货会期间，大学版协在南京举办大学出版社编辑与出版论坛

部和专业人员的思想水平、业务素养。1994年7月、2002年9月大学版协与教育部主管部门一起组织召开高校出版社总编辑工作研讨会，研讨加强编辑工作；从1995年起，数次组织召开选题策划研讨会，促进了策划编辑制度的建立、优质原创选题的开发；2000年6月，在跨进21世纪、迈向市场化的重要时刻，协会在桂林组织召开了全国大学出版社选题策划研讨会，研讨树立适应市场经济的新观念、抓好品牌图书的开发与策划问题。2014年起，协会又推出"全国大学出版社编辑论文大赛"，并在每年的年会上举办"大学出版编辑论坛"，给优秀论文的获奖者颁奖，进行优秀论文演讲交流及编辑业务主题交流，请资深编辑、专家作讲座。评奖活动和论坛获得各大学出版社编辑的热烈欢迎，激发了编辑参与出版研究、创新开发优秀选题的积极性，促进了编辑业务素质的提高。

7. 建立维权工作委员会，维护会员权益——随着出版业市场化程度的不断加深，大学出版社在管理、经营中遇到了越来越多的权益纠纷，为了切实维护全国大学出版社的权益，提高维权意识，做好维权工作，2003年大学版协增设了维权工作委员会。维权工作先从学习、宣传国家有关政策法规，加强行业自律入手。2005年8月协会在北京召开了以"出版社专有出版权及合同文本与操作"为主题的首届全国大学出版社维权工作会议，重在增强大学出版社的依

2005年8月，大学版协在北京组织召开全国大学出版社维权工作会议

法维权意识、规范大学出版社自身的工作、加强反侵权的相互协作。
为使各大学出版社能够科学、严谨、规范地进行协议操作，避免因
疏漏被侵权，2006 年维权工作委员会整理了一整套"出版合同参考
文本"提供给各社参考使用，2016 年再次做了修订。近几年为妥善
解决大学出版社使用文字、图片、办公软件的版权问题，按照"协
会牵头，各社授权共同参与，以团购形式、合理价格，一揽子全面
解决问题"的原则，大学版协先后与方正电子、汉仪科印、华康信
息技术、上海富昱特图像公司、Adobe 软件公司商谈，达成团购合作
协议，维护了大学出版社的利益，也得到了原新闻出版总署、民政
部等领导机关的肯定。在 2012 年国家版权局对《著作权法》进行修
订时，大学版协积极向国家版权局提出了对《著作权法（修改草案）》
的八点修改意见，意见集中在维护大学出版社的利益、保护出版社
的权益、给出版社的发展营造良好环境等问题上。2016 年，大学版
协配合全国"扫黄打非"办公室联合五部门开展打击高校及其周边
复印店的盗版复印活动，经过调研，又代表大学出版界向行政机关
提出了"建议"，建议立法机构完善我国现行的著作权合理使用制度。
教育部明确要求各高校对校内复印店加强管理，国家新闻出版广电
总局对出版社、新华书店开设的校园书店给予政策支持，方便学生
购买使用正版教材。作为向各类高校供应教材重要渠道的高校出版
社图书代办站，也与大学出版社一起在社站合作研讨会上提出了"贯

彻国家五部门通知精神，杜绝使用复印盗版教材倡议书"，呼吁建立遏制盗印教材的长效机制，维护高校教材的正版供应。

8. 开展对外交流，推动大学出版社"走出去"——大学版协重视并有计划开展国际交流，学习国外先进经验，推动大学出版社开拓国际市场。协会成立以后，就开始开展国际交流，组织大学出版社代表团到美国、欧洲国家、日本等国访问交流、观摩书展，那个时期我们大学出版社主要是去学习、取经、引进版权。进入21世纪，顺应我国加入WTO和出版市场化以及提出"走出去"战略的新形势、新要求，协会曾连续十余年组织大学出版社代表团参加全世界规模和版权交易量最大的德国法兰克福国际书展，各大学出版社参加踊跃，对广大大学出版人长见识、交朋友、开展版权业务起到了铺路作用。协会还组织大学出版社代表团参加美国EBA图书博览会、印度世界书展、英国伦敦国际书展等大型国际图书博览会。在国际交流方面，协会曾定期组团参与每年一次的中、日、韩三国大学出版社研讨交流活动，开展与美国大学出版社协会和有关大学出版社的交流活动、与德法等国大学出版社的研讨交流活动，还积极开展与我国台湾、香港等地区出版界的研讨交流活动。经过协会及各社的共同努力，现在我们许多大学出版社不仅在国内出版物市场上有一定的品牌优势，而且在实施"走出去"战略、向境外输出版权、开

2003年12月，大学版协组团出席在台北举行的海峡两岸大学出版社暨学术出版研讨会

展国际出版合作方面走在了全国的前列，不少出版社成为国家"中国图书对外推广计划"重要成员单位、国家文化出口重点企业。近几年国家"一带一路"倡议提出后，大学出版社乘"走出去"的新机遇，成为"丝路书香工程"的重要参与者，几年里每年都有不少大学出版社的优秀学术、主题图书赫然在目；一些大学出版社还在"一带一路"沿线国家建立海外分社，并购海外机构，发起成立"一带一路"学术出版联盟，推出作为中国艺术与设计国际传播共享平台的"艺术之桥"……大学出版社已成为国家文化"走出去"战略的一支主力军，也扩大了我国大学出版社及其图书的国际影响。

9. 推动高校出版社图书代办站建设，发挥代办站的行业渠道作用——高校出版社图书代办站（以下简称"代办站"）是原国家教委联合原国家新闻出版署于1987年2月发文成立的全国性高校教材图书发行组织，它成立的初衷是解决大学出版社所出教材的发行渠道和高校教学的需要问题。代办站成立后为保证学生"课前到书、

[上左] 2004 年 9 月，大学版协组团赴美国参加中美大学出版社出版工作研讨会

[上右] 2008 年 5 月，大学版协代表团赴韩国参加第 12 届韩国、中国、日本大学出版研讨会，并出席首尔国际书展

[下左] 2010 年 11 月，大学版协组织代表团出访澳大利亚、新西兰，并出席第 37 届墨尔本国际图书博览会

[下右] 2013 年 8 月，中国学术出版"走出去"高端论坛在上海交通大学出版社举办

2010 年 1 月，全国高校出版社图书代办站站长工作会议在北京召开，优秀代办站受到协会表彰

人手一册"做出了贡献。随着形势的发展，为使代办站适应市场经济和教材图书发行规律，1994 年代办站转由大学版协直接管理，大学版协成立了代办站工作委员会，保证了代办站的规范建设、健康发展和服务高校与高校出版社作用的更好发挥。进入文化体制改革的新时期后，大学版协又提出了《关于高校出版社图书代办站体制改革机制建设的意见》，推动代办站改革体制、创新机制，逐步建立了现代企业制度。2017 年，面对出版业融合发展、集团竞争的新形势，大学版协在年初召开的全国代办站总结表彰大会上，又提出了加强信息化建设、创新融合发展的新要求。近十年来，大学版协每年组织由各地代办站承办的全国高校出版社教材巡展活动，已先后在 25 个省、区、市举办，近百家大学出版社参加过巡展，进入和涉及各地高等院校数百所；每年组织召开大型的社站合作研讨会，一起研讨教材图书发行的热点问题，研究合作的方式和实施办法；2012 年起又推出了每年一届的大学出版社新优教材项目合作推介洽谈会，开展教材推广发行的专项合作。服务和合作使代办站的经营模式不断优化，服务水平不断提高，行业渠道作用得到了更好的发挥。根据领导机关要求和大学出版社需要，代办站服务中心从 1989 年开始编印《高校联合书目报》，1994 年改版为装订成册、春秋两季定期

高校图书代办站总结表彰大会暨代办站成立30周年纪念 2017.1.11

发行的《高校教材图书征订目录》，进入 21 世纪配置了电子版、网络版，2014 年秋季起又增加了《馆配专辑》，发挥其面向高校教材科、院系、图书馆终端的作用，成为全国大学出版社教材图书联合宣传、推介、征订的重要窗口和渠道。

目前代办站数量为 70 家，分布在 29 个省、自治区、直辖市的 46 个城市，已发展成为布局基本合理、具有相当规模和实力的全国性高校教材图书发行网络，成为大学出版事业的一个重要组成部分。

《高校教材图书征订目录》

[上左] 2008 年 5 月，由各地代办站承办的全国高校出版社教材巡展活动展开，图为重庆大学巡展现场

[上右] 2014 年 5 月，大学出版社新优教材推介洽谈会暨社站合作研讨会在烟台召开

[下] 2017 年 1 月 11 日，全国高校出版社图书代办站总结表彰大会在北京召开

10. 创建门户网站中国高校教材图书网，加强大学出版社的信息化建设——中国高校教材图书网（以下简称"教材网"）开通于互联网兴起、信息革命大潮初涌的 2002 年，是教育部主导、全国大学出版社合力共建、中国人民大学出版社承建和管理的大学出版社公共门户网站，大学版协专门设有中国高校教材图书网管理委员会。大学版协注重发挥教材网的信息宣传、电子政务和电子商务三大功能，利用互联网推动大学出版业的整体形象、信息、图书宣传，利

［上］2002 年 8 月 16 日，时任中宣部副秘书长兼新闻出版广播影视业改革与发展办公室主任邬书林、时任教育部副部长袁贵仁、时任新闻出版总署副署长柳斌杰、时任中国人民大学党委书记程天权、时任教育部社政司司长靳诺等领导见证中国高校教材图书网开通

［中］2014 年 10 月，中国高校教材图书网与中国大学生在线在南京大学联合举办"大学悦读、阅读大学"活动

［下］中国高校教材图书网大学出版特色鲜明，图为页面截图

用网络手段实现办公、行政的信息化，利用网络平台整合全国大学出版社的出版和发行资源，实现联合营销发行。15年来，教材网始终坚持服务大学出版业的定位，紧密配合教育部社科司、大学版协及全国大学出版业的中心工作、重大活动，资讯板块成为大学出版业舆论导向、形象宣传、交流工作、开展活动的重要平台，大学出版界的所有重要信息都能从这里找到，所有热点话题、重点研讨都会在这里呈现。教材网连续15年全程报道全国大学出版社图书订货会与年会，连续10年推出"全国高校出版社教材巡展活动"专栏，组织编辑现场采编，近年来又重点报道了中国大学出版社编辑论文大赛、中国大学出版社图书奖和高校出版人物奖等重要活动；教材图书信息全、新、快，专业特色突出，2016年年底的在线书目达308588种，成为大学出版社图书数据和推介的重要平台；充分利用网络平台服务教材图书宣传、营销，配合代办站服务中心推出《高校教材图书征订目录》网络版，提供了快捷的在线订购平台；开设特色栏目，为各大学出版社宣传、推介新优教材图书；坚持办好在线零售业务，为师生和广大读者购买大学出版社教材、图书提供渠道。

截至2016年12月31日，教材网总访问量达到39977451人次，注册会员62113人，注册经销商236家。教材网在高校和出版界的影响力不断扩大，在全国新闻出版业网站评奖中先后获得"'十一五'突出成就网站""最佳服务网站""新闻出版业百强网站"等多个奖项，已经成为全国大学出版界的重要窗口，大学出版业创新融合、联合协作发展的重要阵地。

11. 注重学术建设和信息宣传工作，编辑出版《中国大学出版社概览》，创办会刊《大学出版》（现名《现代出版》）和内部通讯《大学出版信息》，设立大学出版发展研究会——学术建设、信息宣传是协会的基础性建设和工作。大学版协一直重视学术建设、信息宣传工作，成立后就主办了内部通讯《大学出版简讯》《出版业务交流》（当时为内部刊物），1991年11月为将刊物办得更加规范、丰富，发挥更大作用，协会将它们合并为《大学出版信息》；1994年6月获批创办了《大学出版》杂志，协会有了正式的会刊；2010年9

月，顺应形势的发展和会员单位的要求，刊物更名为《现代出版》。刊物先后由北京理工大学出版社、北京师范大学出版社、中国传媒大学出版社承办，到 2017 年年底，一共出刊 112 期（其中《大学出版》56 期，《现代出版》56 期）。《现代出版》以宣传党和国家出版方针、政策，反映大学出版界的发展动态、成就为己任，发刊以来几乎对业界所有改革发展大事、重要会议精神都给予了报道宣传；是大学出版人的学术思想园地，对大学出版业发展每一步、每个阶段的理论探索、方略研讨都有大量记载，90% 以上大学出版社编辑都曾有文章、论文在这里发表，很多大学出版人的第一篇学术论文都是发表在我们自己的这个会刊上。《现代出版》促进理论研究、信息沟通、经验交流，在大学出版业的发展中发挥了导向仪、推进器的作用。《大学出版信息》作为大学版协内部信息交流材料，以其不定期印发、版式灵活等特点，对协会及各大学出版社工作的情况交流、经验推广、资料积累，对主管部门了解大学出版社工作、指导大学版协和大学出版社工作，发挥了

[上]《现代出版》的前身——创刊时的《大学出版》杂志

[下左]《现代出版》杂志

[下右]内部通讯《大学出版信息》

《中国大学出版社概览》已出版四辑

积极作用，到 2017 年已编印 435 期，现在还有了网络版。

《中国大学出版社概览》是以文献、数据全面集中记录全国大学出版社发展、反映全国大学出版业风貌的大型资料、工具书、行业通鉴，已经先后编辑出版了 1955—1991 年、1992—1996 年、1997—2005 年、2006—2010 年四辑。它给政府主管部门掌握大学出版社发展状况、制定政策提供了参考依据，给各大学出版社寻找定位、谋求发展提供了参考资料，给社会提供了了解大学出版社风貌的又一个窗口，也是大学出版业的资料积累、历史记录。

近年来随着教育出版事业的快速发展，改革的不断深入，大学版协及时地把发展研究、理论引导工作提上日程，于 2011 年申请成立了大学出版发展研究委员会，集大学出版人的智慧，为大学出版业在新的历史时期的健康、快速、持续发展提供精神食粮，在研究大学出版的发展规律和趋势、参编协会概览等资料文献中做了大量工作。

12. 开展公益活动，尽社会责任，树良好形象——大学版协自成立起，就把组织广大大学出版社共同开展公益事业作为一项使命和重要工作内容。几乎每年都向老少边穷地区捐赠图书，多年来已向

1992 年 3 月，第四届全国大学出版社图书订货会期间，在桂林举行全国大学出版社向广西壮族自治区捐赠图书仪式，中间讲话者为启功先生

2010 年 11 月 13 日，第 23 届全国大学出版社图书订货会上，在南昌举办全国大学出版社向江西革命老区捐赠图书仪式

西藏、新疆、内蒙古、宁夏、广西、青海、甘肃、陕西、四川、云南、湖南、江西、安徽、辽宁、黑龙江、河北等多个省、自治区大量捐赠优秀图书，受到各地学校师生的欢迎和社会的赞扬。大学出版社还总在危难时刻向灾区人民捐款、捐物、捐书、献爱心，在 1991 年华东地区遭遇特大洪灾之时，为帮助灾区中小学重建校园，63 家大学出版社捐款达 83.36 万元，还捐赠了图书。在 2003 年我国发生严重的非典型性肺炎疫情时，大学版协及时召开理事长扩大会议，号召和团结广大大学出版社全力投入抗"非典"斗争，不仅预防有力，大学出版社无一人感染，而且坚持工作，奉献力量，全国大学出版社出版防治"非典"图书、电子出版物 41 种、150 多万册，价值 1000 余万元，全部无偿地捐献给社会，还直接捐款 200 多万元支持抗"非典"工作，被民政部评为"抗击非典先进全国性社会团体"。

[从左至右]

2003 年，大学版协被民政部评为"抗击非典先进全国性社会团体"

2008 年四川汶川大地震发生以后，大学版协代表全国大学出版社在中央电视台举办的"爱的奉献——2008 抗震救灾募捐晚会"上捐款 532 万元

2008 年，大学版协被国家新闻出版总署评为"全国新闻出版行业抗震救灾先进集体"

2010 年青海玉树大地震发生以后，大学版协代表全国大学出版社在中央电视台举办的"情系玉树，大爱无疆"抗震救灾大型募捐活动特别节目上捐款 300 万元

2016 年 7 月，大学版协通过在包头举办的第 26 届全国图书交易博览会向内蒙古自治区高等院校捐赠价值 127 万元码洋的图书

2008 年四川汶川大地震和 2010 年青海玉树大地震发生以后，大学版协都在第一时间发起了大学出版社为地震灾区募捐的活动，各大学出版社纷纷慷慨解囊、表达诚挚爱心，从协会渠道向灾区捐款分别达到 852 万元、367.9 万元，还有许多大学出版社通过教育部、中国红十字基金会、各地有关机构等渠道捐款、捐物、捐赠图书，大学出版社赶编赶印的多种抗震救灾图书被源源送往灾区，受到上级有关部门的好评和灾区人民的赞扬，大学版协被原国家新闻出版总署评为"全国新闻出版行业抗震救灾先进集体"。这些充分体现了大学出版社坚持服务教育、服务社会的办社宗旨，以及大学出版人的社会责任感和拳拳爱心。

（三）

协会内部建设完善、规范，保证了工作的开展、作用的发挥

按照有关规定和要求，大学版协始终坚持依法、规范建会和开展工作，完善组织机构，健全会议制度。协会组织机构是由理事会、常务理事会、理事长（含副理事长）组成，协会遵照《中国大学出版社协会章程》定期召开理事大会、常务理事大会和理事长办公会，研究确定协会的重大事项，按照民主协商的原则议定大家共同关心、关注的问题，按制度每年召开一次全体理事大会，一至二次常务理

2014 年 4 月 21 日，大学版协在北京召开第七届第三次理事长办公会议，研究协会建设，安排年度工作

事会，二至三次理事长办公会。注重制度建设，制定并根据协会的发展修改相关制度，主要制度有《中国大学出版社协会章程》《中国大学出版社协会工作规程》《中国大学出版社协会秘书处工作职责》《中国大学出版社协会会费标准和管理办法》《大学版协财务综合岗位责任制》。协会发挥分支机构的作用，现有办事机构和分支机构共 13 个：秘书处、编辑工作委员会、发行工作委员会、经营管理工作委员会、数字出版工作委员会、音像出版工作委员会、装帧艺术工作委员会、代办站工作委员会、维权工作委员会、培训工作委员会和大学出版发展研究委员会，还有中国高校教材图书网管理委员会、《现代出版》编辑委员会，分支机构在协会的统一领导下，按照民政部批准的业务范围，根据大学出版社改革发展的需要自主开展活动。协会加强秘书处工作，制定了秘书处工作职责，做好财务管理、档案管理、印章管理、会议管理等工作。秘书处分工明确，各负其责、相互合作，积极开展各项工作，及时收集会员单位的意见与建议，妥善处理会员单位的诉求。

中国大学出版社协会会员单位的数量已从 1987 年建会时的 81

2017 年 10 月 31 日，协会在京理事长、副理事长及秘书处同志组织学习党的十九大精神，研究协会下一步工作

家发展到今天的 114 家, 大学出版业已从建会时的"体系初步形成", 发展为出版多层次、高水平、高质量, 含有人文科学、社会科学、自然科学、技术科学及管理科学等, 教材、学术著作和社会读物门类齐全, 图书和音像电子、数字网络各种出版形式并举的大学出版完整成熟的体系; 出版能力有了大幅提高, 与 1987 年全国 81 家大学出版社出书 4266 种相比, 2015 年协会 114 家会员单位共出书 124969 种 (其中新书 60667 种), 按新书出版数量算增长超过了 13 倍, 走向了稳定、健康、快速发展的新阶段, 大学出版业已成为国家出版事业和高等教育事业的重要组成部分, 是出版业的一支重要方面军。

可以说, 大学版协的 30 年, 是团结全国大学出版社为建设社会主义文化强国努力奋斗的 30 年, 是与时俱进、开拓进取的 30 年, 是改革创新、硕果累累的 30 年!

## 三、30 年形成的有益经验

回顾和总结大学版协的发展历程, 是为了从中得到启示, 激励协会及广大大学出版人发扬有益经验和优良传统, 继续努力奋进。总结起来, 使大学版协能够发挥应有作用、取得一定成绩的经验主要有四点。

首先是紧紧围绕大局和中心工作, 在党和政府有关部门指导下开展工作。大学版协工作的核心, 是团结全国大学出版社按照党和国家的要求, 沿着正确的政治方向, 履行好自己的出版职责。把自己摆在领导机关助手、参谋的位置, 在上级机关领导下, 紧紧围绕党和国家发展大局以及政府主管部门、出版行业发展的中心开展工作, 大学版协才能在行业发展中发挥应有的作用, 体现工作价值。大学版协 30 年的发展和成绩得益于党和国家方针政策的引领, 上级领导机关的关心和指导。上级领导机关一贯重视和支持大学出版社和大学版协的建设、改革与发展。长期以来教育部社科司一直是大学版协的上级业务主管机关, 社科司及出版管理处的领导一向十分关怀、悉心指导大学版协的工作。中宣部出版局、国家新闻出版广电总局、民政部等上级领导部门也都十分关心大学版协的工作，给予了多方面的指导和有力的支持。这为我们工作的顺利开展、作用的有效发挥提供了有力支持和保障。今后，虽然大学版协已经从管理体制上与教育部脱钩，但脱钩不脱"管"，我们还将积极争取社科司的指导和支持，围绕和按照教育部、国家新闻出版广电总局、中宣部等主管部门的中心工作和部署要求，突出重点地开展工作，把自主办会和服务大局有机结合起来，更好地发挥协会的作用、体现协会的价值。

其次是紧紧依靠广大会员单位，根据改革发展的需要群策群力开展工作。大学版协不是大学出版社的领导机构，而是大学出版界的群众性社会团体，因此，大学版协始终把民主办会、共同参与、群策群力、整体发展作为工作机制和目标。大学版协一贯坚持民主协商制度，制定规划、开展工作，都尽可能听取各常务理事单位、会员单位的意见和建议，尽可能地反映大学出版社的整体意志和要求，顺应大学出版业及各出版社的改革发展需要。大学版协开展工作也尽可能地发挥大家的积极性，一起商量、一起组织、一起参与，目前有近70个会员单位的160人（次）参与协会的分支机构工作，每次重要活动、每项重要工作都是大家共同参加，而且很多会议和活动是由会员单位直接承办。大学版协有一个令业界称羡的优秀传统，那就是成员间友好相处、相互支持、追求整体发展；在一些具体的经营（如订货会）、团购活动中，大社总是承担更多义务，相互帮带。正是各会员单位的热情参与、鼎力支持、群策群力，才使大学版协有效开展了工作，很好履行了使命，也使协会真正成为全国大学出版社谋求共同发展的载体，成为一个团结协作、和谐融洽的大家庭。

再次是发挥桥梁纽带和组织平台作用，助推会员单位的工作。作为群众性组织，协会工作具有自发组合、自愿参加的特点，因此发挥桥梁纽带和组织平台优势，办实事、解难题，才能够凝心聚力、促进发展。协会注意倾听各出版社的意见和意愿，在重要发展节点（如五年计划的开端）、重大工作落实（如出版体制改革）的当口，总是根据广大大学出版社的需要召开会议、进行研讨，共同推动。会员单位在出版、经营工作中遇到政策性、社会性的困难、问题，协会就积极向政府主管和有关部门反映，寻求指导和帮助，大学出版社的体制改革工作就是在政府机关的一步步指导下完成的；行业性、工作中的问题就通过协会的平台由大家一起解决，近年来协会在解决字库、图片、软件使用纠纷，维护合法权益方面，做了很好的尝试，既解决了纠纷的困扰，又保证了出版工作的正常开展。在大学版协这个组织里、平台上，全国大学出版社共同的目标、理念、利益得以最大化体现，各个出版社也从中找到了自己的方向、动力，赢得了自己的发展。

最后是按照党和国家的要求，规范建设，改革创新，扎实工作。大学版协自组建之日至今，一直注重依法行事、规范建会，协会制定有《中国大学出版社协会章程》和《中国大学出版社协会工作规程》，并根据形势的发展和会员单位的需求适时进行修订，保证了大学版协遵章守法办事、规范有序工作。协会一直根据形势和会员单位的发展变化创新内涵和工作方法，30年来协会历经了七届班子，一代代的协会工作者以他们的开拓意识、敬业精神和出色工作，开启、发展了我们的事业，使协会的工作始终保持着活力；协会的业务机构和重要活动项目不断增减调整，工作方法不断向着服务中心工作、服务大学出版业发展、服务会员单位贴近。协会一贯注重结合大学出版社发展的实际，扎实、务实地开展各项工作，追求实效，不搞花架子和形式主义，我们的全国大学出版社图书订货会多年来一直坚持不搞开幕式、不送礼、不旅游的"三不主义"就是典型的一例，受到了各大学出版社、上级领导机关、社会各界的一致好评。大学版协工作的有效开展、成绩的取得，也是得益于我们的规范建设、开拓创新和扎实工作。

大学版协能够不断发展进步，取得今天的成绩，与上级领导机关对大学版协工作给予的极大关心、指导和支持分不开，与各个会员单位的积极参与、支持和帮助分不开，也与一代一代从事大学版协工作同志的不懈努力分不开。在纪念协会成立 30 周年之际，我们要对中宣部、教育部、国家新闻出版广电总局、民政部等领导机关多年来对大学版协工作和全国大学出版社的极大关怀、指导和支持表示衷心的感谢！对大学版协的老领导、老同志对协会工作和大学出版事业做出的杰出贡献表示衷心的感谢，致以崇高的敬意！对全体会员单位领导和员工对协会工作的一贯积极参与和大力支持表示衷心的感谢！

大学版协 30 年的发展和成绩已成为过去。今天，党的十九大又给我们提出了新的宏伟目标和更高要求，大学出版业又迎来了发展的新机遇，必将开启大学出版业发展、大学版协工作的又一个崭新阶段。让我们在党的十九大精神指引下，抓住机遇、再接再厉，不辱使命，在协会工作中迈出新的更加坚实的步伐，为大学出版事业做出新的更大的贡献！

# 02

坚实有力的足迹
令人瞩目的成就

# 中国大学出版社协会会员发展轨迹表（以建社时间排序）

| 序号 | 出版社 | 建社时间（年） | 序号 | 出版社 | 建社时间（年） | 序号 | 出版社 | 建社时间（年） |
|---|---|---|---|---|---|---|---|---|
| 1 | 人民教育出版社 | 1950 | 39 | 华中师范大学出版社 | 1985 | 77 | 延边大学出版社 | 1986 |
| 2 | 高等教育出版社 | 1954 | 40 | 华南理工大学出版社 | 1985 | 78 | 立信会计出版社 | 1986 |
| 3 | 中国人民大学出版社 | 1955 | 41 | 重庆大学出版社 | 1985 | 79 | 北京邮电大学出版社 | 1987 |
| 4 | 语文出版社 | 1956 | 42 | 西南师范大学出版社 | 1985 | 80 | 中国石油大学出版社 | 1987 |
| 5 | 华东师范大学出版社 | 1957 | 43 | 东北大学出版社 | 1985 | 81 | 旅游教育出版社 | 1987 |
| 6 | 北京大学出版社 | 1979 | 44 | 湖南大学出版社 | 1985 | 82 | 首都经济贸易大学出版社 | 1987 |
| 7 | 外语教学与研究出版社 | 1979 | 45 | 中南大学出版社 | 1985 | 83 | 北京工业大学出版社 | 1987 |
| 8 | 上海外语教育出版社 | 1979 | 46 | 电子科技大学出版社 | 1985 | 84 | 云南大学出版社 | 1988 |
| 9 | 清华大学出版社 | 1980 | 47 | 西南财经大学出版社 | 1985 | 85 | 中国海洋大学出版社 | 1989 |
| 10 | 北京师范大学出版社 | 1980 | 48 | 河南大学出版社 | 1985 | 86 | 河北大学出版社 | 1989 |
| 11 | 复旦大学出版社 | 1980 | 49 | 中国美术学院出版社 | 1985 | 87 | 暨南大学出版社 | 1989 |
| 12 | 华中科技大学出版社 | 1980 | 50 | 中国矿业大学出版社 | 1985 | 88 | 湖南师范大学出版社 | 1989 |
| 13 | 教育科学出版社 | 1980 | 51 | 西南交通大学出版社 | 1985 | 89 | 北京大学医学出版社 | 1989 |
| 14 | 中央广播电视大学出版社 | 1982 | 52 | 中国科技大学出版社 | 1985 | 90 | 中国协和医科大学出版社 | 1989 |
| 15 | 武汉大学出版社 | 1982 | 53 | 辽宁大学出版社 | 1985 | 91 | 江西高校出版社 | 1989 |
| 16 | 南京大学出版社 | 1983 | 54 | 西北工业大学出版社 | 1985 | 92 | 东华大学出版社 | 1992 |
| 17 | 中山大学出版社 | 1983 | 55 | 中国政法大学出版社 | 1985 | 93 | 苏州大学出版社 | 1992 |
| 18 | 浙江大学出版社 | 1983 | 56 | 中国地质大学出版社 | 1985 | 94 | 汕头大学出版社 | 1992 |
| 19 | 南开大学出版社 | 1983 | 57 | 中央民族大学出版社 | 1985 | 95 | 辽宁师范大学出版社 | 1995 |
| 20 | 上海交通大学出版社 | 1983 | 58 | 中国农业大学出版社 | 1985 | 96 | 南京师范大学出版社 | 1995 |
| 21 | 吉林大学出版社 | 1983 | 59 | 北京体育大学出版社 | 1985 | 97 | 安徽大学出版社 | 1995 |
| 22 | 东北师范大学出版社 | 1983 | 60 | 中国传媒大学出版社 | 1985 | 98 | 郑州大学出版社 | 1995 |
| 23 | 西安交通大学出版社 | 1983 | 61 | 东北财经大学出版社 | 1985 | 99 | 上海财经大学出版社 | 1995 |
| 24 | 山东大学出版社 | 1983 | 62 | 哈尔滨工程大学出版社 | 1985 | 100 | 上海大学出版社 | 1996 |
| 25 | 同济大学出版社 | 1983 | 63 | 东北林业大学出版社 | 1985 | 101 | 第二军医大学出版社 | 1997 |
| 26 | 哈尔滨工业大学出版社 | 1983 | 64 | 上海中医药大学出版社 | 1985 | 102 | 北京交通大学出版社 | 2001 |
| 27 | 西北大学出版社 | 1983 | 65 | 中国人民公安大学出版社 | 1985 | 103 | 第四军医大学出版社 | 2001 |
| 28 | 西安电子科技大学出版社 | 1983 | 66 | 北京航空航天大学出版社 | 1985 | 104 | 合肥工业大学出版社 | 2002 |
| 29 | 对外经济贸易大学出版社 | 1983 | 67 | 北京理工大学出版社 | 1985 | 105 | 西北农林科技大学出版社 | 2002 |
| 30 | 广东高教出版社 | 1983 | 68 | 首都师范大学出版社 | 1985 | 106 | 上海音乐学院出版社 | 2002 |
| 31 | 东南大学出版社 | 1985 | 69 | 内蒙古大学出版社 | 1985 | 107 | 中央音乐学院出版社 | 2003 |
| 32 | 兰州大学出版社 | 1985 | 70 | 国防科技大学出版社 | 1985 | 108 | 江苏大学出版社 | 2007 |
| 33 | 大连理工大学出版社 | 1985 | 71 | 华东理工大学出版社 | 1986 | 109 | 贵州大学出版社 | 2007 |
| 34 | 陕西师范大学出版社 | 1985 | 72 | 武汉理工大学出版社 | 1986 | 110 | 湘潭大学出版社 | 2007 |
| 35 | 四川大学出版社 | 1985 | 73 | 河海大学出版社 | 1986 | 111 | 黑龙江大学出版社 | 2007 |
| 36 | 厦门大学出版社 | 1985 | 74 | 新疆大学出版社 | 1986 | 112 | 浙江工商大学出版社 | 2008 |
| 37 | 天津大学出版社 | 1985 | 75 | 大连海事大学出版社 | 1986 | 113 | 安徽师范大学出版社 | 2010 |
| 38 | 北京语言大学出版社 | 1985 | 76 | 广西师范大学出版社 | 1986 | 114 | 燕山大学出版社 | 2011 |

# 中国大学出版社协会会员区域分布表

| 各省市区名称 | 教育部所属 | 其他部委所属 | 各省市区所 | 合计 |
|---|---|---|---|---|
| 北京市 | 19 | 6 | 4 | 29 |
| 天津市 | 2 | 0 | 0 | 2 |
| 河北省 | 0 | 0 | 2 | 2 |
| 内蒙古自治区 | 0 | 0 | 1 | 1 |
| 辽宁省 | 2 | 1 | 3 | 6 |
| 吉林省 | 2 | 0 | 1 | 3 |
| 黑龙江省 | 1 | 2 | 1 | 4 |
| 上海市 | 8 | 1 | 4 | 13 |
| 江苏省 | 4 | 0 | 3 | 7 |
| 江西省 | 0 | 0 | 1 | 1 |
| 浙江省 | 1 | 0 | 2 | 3 |
| 安徽省 | 1 | 1 | 2 | 4 |
| 福建省 | 1 | 0 | 0 | 1 |
| 山东省 | 3 | 0 | 0 | 3 |
| 河南省 | 0 | 0 | 2 | 2 |
| 湖北省 | 5 | 0 | 0 | 5 |
| 湖南省 | 2 | 1 | 2 | 5 |
| 广东省 | 2 | 1 | 2 | 5 |
| 广西壮族自治区 | 0 | 0 | 1 | 1 |
| 重庆市 | 2 | 0 | 0 | 2 |
| 四川省 | 4 | 0 | 0 | 4 |
| 云南省 | 0 | 0 | 1 | 1 |
| 贵州省 | 0 | 0 | 1 | 1 |
| 陕西省 | 4 | 2 | 1 | 7 |
| 甘肃省 | 1 | 0 | 0 | 1 |
| 新疆维吾尔自治区 | 0 | 0 | 1 | 1 |
| 总计 | 64 | 15 | 35 | 114 |

# 中国大学出版社协会各届领导班子成员

**第一届**
1987年6月
—
1991年5月

理 事 长：罗国杰
副理事长：郭豫适　姚启和　袁　华
顾　　问：边春光　许力以
秘 书 长：高旭华
副秘书长：万中一　焦仁里

**第二届**
1991年5月
—
1995年11月

理 事 长：高炳章
副理事长：高旭华（常务）　麻子英　万中一　牛太臣
　　　　　吴枫桐
秘 书 长：魏小波
副秘书长：邱金利　李　峰　黄国新　董兆钧

**第三届**
1995年11月
—
1999年7月

理 事 长：邬沧萍
副理事长：高旭华（常务）　牛太臣　吴枫桐　王民阜
　　　　　许传安　时慧荣　王益康
秘 书 长：焦仁里
副秘书长：赵文海　池源淳　王海山　张天蔚
　　　　　杨晓光　徐怀东　向万成

**第四届**
1999年7月
—
2004年9月

理 事 长：彭松建
副理事长：王　霁　常汝吉　张天蔚　熊玉莲
　　　　　贾国祥　贺晓军
秘 书 长：刘　军
副秘书长：毕研林　徐志伟　肖启明　岳凤翔
　　　　　胡美香

**第五届**
2004 年 9 月
—
2008 年 11 月

理 事 长：李家强

常务副理事长：彭松建

副理事长：张天蔚　李朋义　肖启明　陈国第

　　　　　贺耀敏　贾国祥　高经纬　魏小波

秘 书 长：刘 军

副秘书长：毕研林（常务）　贺圣遂　肖启明

　　　　　乔少杰　岳凤翔

**第六届**
2008 年 11 月
—
2013 年 11 月

理 事 长：王明舟

副理事长：宗俊峰　贺耀敏　杨 耕　陆银道

　　　　　蔡剑峰　刘 军　金英伟　贺圣遂

　　　　　庄智象　朱杰人　陈庆辉　周安平

　　　　　林 全　魏小波

秘 书 长：刘 军

副秘书长：毕研林　汪春林　左 健　郝诗仙

　　　　　周安平　雷 鸣　蔡 翔　岳凤翔

**第七届**
2013 年 11 月
—
2018 年 11 月

理 事 长：宗俊峰

副理事长：王明舟　刘 军　吕建生　贺耀敏（2013—2017）

　　　　　金英伟　贺圣遂（2013—2015）　韩建民（2013—2015）

　　　　　左 健（2013—2015）　于良春（2015—2017）　陈庆辉（2013—2016）

　　　　　何建庆（2016 年至今）　邓晓益　林 全

秘 书 长：汪春林

副秘书长：毕研林（常务）　蔡 翔　代根兴　魏小波

　　　　　岳凤翔

注：本届副理事长由于工作变化而进行变动，括号内为任职时间。

# 会员单位入选国家重大出版工程情况

## 入选"十二五"普通高等教育本科国家级规划教材情况

教育部以教高函〔2012〕21号文和教高函〔2014〕8号文，分别确定了第一批1102种教材、第二批1688种教材，共计2790种教材入选"十二五"普通高等教育本科国家级规划教材。其中，中国大学出版社协会成员承担出版教材共1658种，占比60%。

## 入选"十二五"职业教育国家规划教材情况

教育部以教职成函〔2014〕12号文和教职成函〔2015〕11号文，分别确定了第一批4738种教材、第二批2611种教材共计7349种教材入选"十二五"职业教育国家规划教材。其中，中国大学出版社协会会员承担出版教材共4133种，占比57%。

## 入选国家"十二五"重点图书出版规划项目情况

国家新闻出版广电总局确定国家"十二五"重点图书出版规划项目共3069种，其中中国大学出版社协会成员承担721种，占比24%。

## 入选"十三五"国家重点图书出版规划项目情况

"十三五"国家重点图书出版规划是一个动态的规划，将会在规划期内不断的进行调整，截止到2017年8月，国家新闻出版广电总局确定的国家"十三五"重点图书出版规划项目共2611种，其中中国大学出版社协会成员承担496种，占比19%。

| 出版社 | "十二五"本科教材 | "十二五"职业教材 | "十二五"重点图书 | "十三五"重点图书 |
|---|---|---|---|---|
| 安徽大学出版社 | 2 | 2 | 2 | 1 |
| 安徽师范大学出版社 | 0 | 0 | 0 | 1 |
| 北京大学出版社 | 80 | 88 | 36 | 20 |
| 北京大学医学出版社 | 6 | 27 | 20 | 13 |
| 北京工业大学出版社 | 0 | 0 | 1 | 0 |
| 北京航空航天大学出版社 | 12 | 0 | 6 | 2 |
| 北京交通大学出版社 | 3 | 0 | 12 | 7 |
| 北京理工大学出版社 | 11 | 97 | 14 | 13 |
| 北京师范大学出版社 | 24 | 156 | 21 | 13 |
| 北京体育大学出版社 | 5 | 5 | 0 | 0 |
| 北京邮电大学出版社 | 7 | 23 | 11 | 0 |
| 北京语言大学出版社 | 1 | 9 | 8 | 4 |
| 重庆大学出版社 | 6 | 106 | 10 | 7 |
| 大连海事大学出版社 | 5 | 25 | 2 | 1 |
| 大连理工大学出版社 | 6 | 419 | 3 | 0 |
| 第二军医大学出版社 | 0 | 0 | 4 | 6 |
| 第四军医大学出版社 | 0 | 31 | 5 | 0 |
| 电子科技大学出版社 | 1 | 0 | 3 | 1 |
| 东北财经大学出版社 | 24 | 84 | 2 | 1 |
| 东北财经大学出版社 | 1 | 6 | 3 | 2 |
| 东北林业大学出版社 | 0 | 0 | 3 | 1 |
| 东北师范大学出版社 | 1 | 173 | 3 | 0 |
| 东华大学出版社 | 4 | 0 | 3 | 1 |
| 东南大学出版社 | 9 | 0 | 14 | 12 |
| 对外经济贸易大学出版社 | 8 | 0 | 4 | 3 |
| 复旦大学出版社 | 24 | 42 | 26 | 10 |
| 国防科技大学出版社 | 0 | 0 | 2 | 0 |
| 高等教育出版社 | 756 | 1647 | 31 | 25 |
| 广东高等教育出版社 | 0 | 28 | 0 | 1 |
| 广西师范大学出版社 | 3 | 0 | 21 | 2 |
| 贵州大学出版社 | 0 | 0 | 1 | 2 |

| 出版社 | "十二五"本科教材 | "十二五"职业教材 | "十二五"重点图书 | "十三五"重点图书 |
| --- | --- | --- | --- | --- |
| 哈尔滨工程大学出版社 | 4 | 5 | 2 | 0 |
| 哈尔滨工业大学出版社 | 3 | 0 | 10 | 8 |
| 河南大学出版社 | 2 | 0 | 1 | 2 |
| 河海大学出版社 | 0 | 0 | 2 | 2 |
| 合肥工业大学出版社 | 0 | 0 | 3 | 0 |
| 黑龙江大学出版社 | 0 | 0 | 2 | 0 |
| 湖南大学出版社 | 1 | 4 | 8 | 9 |
| 湖南师范大学出版社 | 2 | 0 | 7 | 2 |
| 华东理工大学出版社 | 2 | 0 | 6 | 7 |
| 华东师范大学出版社 | 6 | 45 | 10 | 8 |
| 华南理工大学出版社 | 1 | 0 | 7 | 5 |
| 华中科技大学出版社 | 12 | 18 | 10 | 10 |
| 华中师范大学出版社 | 3 | 0 | 2 | 1 |
| 暨南大学出版社 | 3 | 0 | 3 | 2 |
| 吉林大学出版社 | 1 | 0 | 0 | 1 |
| 江苏大学出版社 | 0 | 0 | 2 | 0 |
| 江西高校出版社 | 0 | 11 | 0 | 2 |
| 教育科学出版社 | 0 | 235 | 3 | 4 |
| 兰州大学出版社 | 0 | 0 | 2 | 2 |
| 立信会计出版社 | 0 | 0 | 10 | 5 |
| 辽宁大学出版社 | 0 | 0 | 1 | 1 |
| 辽宁师范大学出版社 | 0 | 0 | 1 | 3 |
| 旅游教育出版社 | 2 | 39 | 0 | 0 |
| 南京大学出版社 | 5 | 8 | 17 | 13 |
| 南京师范大学出版社 | 2 | 0 | 11 | 4 |
| 南开大学出版社 | 4 | 0 | 1 | 3 |
| 内蒙古大学出版社 | 1 | 0 | 5 | 0 |
| 清华大学出版社 | 154 | 104 | 18 | 9 |
| 山东大学出版社 | 0 | 0 | 2 | 0 |
| 陕西师范大学出版社 | 3 | 0 | 7 | 7 |
| 上海财经大学出版社 | 16 | 0 | 9 | 3 |

| 出版社 | "十二五"本科教材 | "十二五"职业教材 | "十二五"重点图书 | "十三五"重点图书 |
|---|---|---|---|---|
| 上海大学出版社 | 1 | 0 | 3 | 2 |
| 上海交通大学出版社 | 10 | 102 | 25 | 21 |
| 上海浦江教育出版社 | 0 | 0 | 0 | 2 |
| 上海外语教育出版社 | 21 | 3 | 17 | 6 |
| 上海音乐学院出版社 | 3 | 0 | 0 | 0 |
| 首都经济贸易大学出版社 | 0 | 0 | 1 | 2 |
| 首都师范大学出版社 | 0 | 4 | 2 | 0 |
| 四川大学出版社 | 2 | 0 | 2 | 1 |
| 苏州大学出版社 | 2 | 19 | 7 | 0 |
| 天津大学出版社 | 4 | 0 | 1 | 1 |
| 同济大学出版社 | 7 | 0 | 11 | 7 |
| 外语教学与研究出版社 | 36 | 95 | 4 | 13 |
| 武汉大学出版社 | 20 | 0 | 13 | 15 |
| 武汉理工大学出版社 | 19 | 28 | 4 | 1 |
| 西安电子科技大学出版社 | 23 | 0 | 3 | 0 |
| 西安交通大学出版社 | 7 | 0 | 5 | 5 |
| 西北大学出版社 | 0 | 0 | 1 | 5 |
| 西北工业大学出版社 | 7 | 0 | 3 | 4 |
| 西北农林科技大学出版社 | 0 | 0 | 0 | 1 |
| 西南财经大学出版社 | 6 | 0 | 3 | 2 |
| 西南交通大学出版社 | 7 | 0 | 11 | 6 |
| 西南师范大学出版社 | 2 | 0 | 4 | 4 |
| 厦门大学出版社 | 2 | 0 | 8 | 7 |
| 湘潭大学出版社 | 0 | 0 | 5 | 4 |
| 新疆大学出版社 | 0 | 0 | 1 | 2 |
| 延边大学出版社 | 0 | 0 | 2 | 3 |
| 语文出版社 | 0 | 35 | 1 | 0 |
| 云南大学出版社 | 0 | 0 | 3 | 6 |
| 浙江大学出版社 | 17 | 15 | 14 | 16 |
| 浙江工商大学出版社 | 0 | 0 | 3 | 2 |
| 郑州大学出版社 | 5 | 4 | 0 | 3 |

| 出版社 | "十二五"本科教材 | "十二五"职业教材 | "十二五"重点图书 | "十三五"重点图书 |
|---|---|---|---|---|
| 中国传媒大学出版社 | 1 | 0 | 5 | 4 |
| 中国地质大学出版社 | 4 | 0 | 5 | 2 |
| 中国海洋大学出版社 | 0 | 0 | 2 | 2 |
| 中国科学技术大学出版社 | 5 | 0 | 11 | 10 |
| 中国矿业大学出版社 | 11 | 0 | 0 | 5 |
| 中国美术学院出版社 | 0 | 0 | 2 | 0 |
| 中国农业大学出版社 | 13 | 18 | 5 | 0 |
| 中国人民大学出版社 | 156 | 163 | 38 | 23 |
| 中国人民公安大学出版社 | 9 | 0 | 5 | 3 |
| 中国石油大学出版社 | 6 | 0 | 7 | 9 |
| 中国协和医科大学出版社 | 2 | 0 | 5 | 4 |
| 中国政法大学出版社 | 2 | 0 | 2 | 0 |
| 中央广播电视大学出版社 | 0 | 185 | 18 | 14 |
| 中央民族大学出版社 | 1 | 0 | 0 | 0 |
| 中南大学出版社 | 3 | 0 | 16 | 8 |
| 中山大学出版社 | 1 | 0 | 1 | 5 |
| 中央音乐学院出版社 | 2 | 0 | 0 | 0 |

注：统计过程中由多家出版社联合出版的项目，归入排名第一家出版社内；音像社项目并入同名图书社中。

# 入选"三个一百"原创出版工程情况

　　"三个一百"原创出版工程是原新闻出版总署贯彻落实科学发展观，推动社会主义文化建设，促进文化大发展大繁荣的重要举措，是出版界、学术界共同参与、合力推动的一项文化创新工程，该工程分人文社科、科学技术、文艺少儿三个类别。2006 年 8 月启动，每隔 2 年举办一届，下表为会员入选"三个一百"原创出版工程情况。

书名 / 出版社

## 第一届（2007 年）

触摸历史与进入五四　　/　　北京大学出版社

中华文明史（四卷）　　/　　北京大学出版社

揭开儿童心理和行为之谜　　/　　北京师范大学出版社

中国的经济转型和社会保障改革　　/　　北京师范大学出版社

张清常文集（五卷）　　/　　北京语言大学出版社

资源外包的理论与管理研究　　/　　大连理工大学出版社

江南市镇：传统的变革　　/　　复旦大学出版社

中国经济史（上下卷）　　/　　复旦大学出版社

主思的理学——王夫之的四书学思想　　/　　广东高等教育出版社

东南亚华侨史丛书　　/　　广东高等教育出版社

晚清佛学与近代社会思潮　　/　　河南大学出版社

中国少数民族宗法制度研究　　/　　江西高校出版社

课程知识与个体精神自由——课程知识问题的哲学审思　　/　　教育科学出版社

德育美学观　　/　　教育科学出版社

开发性金融理论与实践导论　　/　　辽宁大学出版社

李贽评传　　/　　南京大学出版社

中华民国史（四卷本）　　/　　南京大学出版社

中国学术思想编年（六卷）　　/　　陕西师范大学出版社

中学西渐丛书（5 册）　　/　　首都师范大学出版社

20 世纪中国美学史研究丛书（6 册）　　/　　首都师范大学出版社

中国丝绸通史　　/　　苏州大学出版社

西方文论关键词　　/　　外语教学与研究出版社

中国劳动力流动与"三农"问题　　/　　武汉大学出版社

遗传资源获取与惠益分享的法律问题研究　　/　　武汉大学出版社

转型期农村经济制度的演化与创新——以沿海省份为例的研究　　/　　浙江大学出版社

中国西部自然资源竞争力评估研究　　/　　中国地质大学出版社

和合学：21世纪文化战略的构想（上下卷） / 中国人民大学出版社

中国农村金融市场研究 / 中国人民大学出版社

刑法学的现代展开 / 中国人民大学出版社

肾活检病理学 / 北京大学医学出版社

基于"聚芯SoC"的嵌入式系统设计 / 北京邮电大学出版社

《营造法式》解读 / 东南大学出版社

中草药生物技术 / 复旦大学出版社

大坝与坝基安全监控理论和方法及其应用 / 河海大学出版社

多足步行机器人运动规划与控制 / 华中科技大学出版社

水轮机控制工程 / 华中科技大学出版社

载人航天新知识丛书（共5种） / 江西高校出版社

多源信息融合 / 清华大学出版社

深海采油平台波浪载荷及响应 / 天津大学出版社

无网格法及其应用 / 西北工业大学出版社

固体表面物理化学若干研究前沿 / 厦门大学出版社

汉英维电子电工与信息技术词典 / 新疆大学出版社

磁电子学 / 浙江大学出版社

人机智能系统理论与方法 / 浙江大学出版社

心律失常梯形图解法 / 浙江大学出版社

中国大陆科学钻探主孔0～2000m地球物理测井 / 中国地质大学出版社

英美小说叙事理论研究 / 北京大学出版社

宝贝第一童话系列（10册） / 北京师范大学出版社

知荣辱 辨是非 重践行——社会主义荣辱观中学生读本 / 人民教育出版社

亲亲大自然丛书（4册） / 人民教育出版社

明代文学史 / 浙江大学出版社

## 第二届（2009年）

文化力 / 北京大学出版社

马克思主义哲学中国化：历史与反思 / 北京师范大学出版社

孟二冬文存（上下卷） / 高等教育出版社

校本管理：理论、研究、实践

现代高等教育思想的演变——从20世纪至21世纪初期 / 广东高教出版社

白莲洞文化——中石器文化典型个案的研究 / 广西师范大学出版社

中国思想学说史（9册） / 广西师范大学出版社

阎宗临史学论著（3册） / 广西师范大学出版社

杨叔子院士文化素质教育演讲录 / 合肥工业大学出版社

领导教育学大系（5册） / 华东师范大学出版社

企业社会责任在中国：广东企业社会责任建设前沿报告 / 华南理工大学出版社

教育活动的社会学分析：一种教育社会学的研究 / 教育科学出版社

学习共同体：文化生态学习环境的理想架构    /    教育科学出版社

明清商事纠纷与商业诉讼    /    南京大学出版社

和而不同：比较教育的跨文化对话    /    人民教育出版社

中国经济发展史（1949—2005）（上下册）    /    上海财经大学出版社

拟齐性偏微分算子的分析

复相微纳米胶囊与电子墨水    /    西北工业大学出版社

微光学与系统    /    浙江大学出版社

机器学习：局部和整体的学习    /    浙江大学出版社

微纳米颗粒复合与功能化设计    /    清华大学出版社

自振空化射流理论与应用    /    中国石油大学出版社

湿空气透平循环的基础研究    /    上海交通大学出版社

钪和含钪合金    /    中南大学出版社

煤矿灾害防治的技术与对策    /    中国矿业大学出版社

新型纺织纱线（英文版）    /    东华大学出版社

航天纵横——航天对基础科学的拉动    /    高等教育出版社

直升机的世界——岁月之旅 扶摇直上 中国足音    /    北京航空航天大学出版社

潜艇光电装备技术    /    哈尔滨工程大学出版社

肾活检病理学    /    复旦大学出版社

针刺镇痛的神经化学基础第 3 卷英文版    /    北京大学医学出版社

大黄的现代研究    /    北京大学医学出版社

吴孟超肝脏外科学基础与临床    /    同济大学出版社

镍毒性与中医药防治研究    /    兰州大学出版社

影像诊断病理学    /    第四军医大学出版社

迷宫趣话    /    北京理工大学出版社

中国现代通俗文学史（插图本）    /    北京大学出版社

中国文学地理形态与演变    /    复旦大学出版社

中国文学史新著（三卷）    /    复旦大学出版社


### 第三届（2011 年）

东方的崛起：关于中国式现代化的哲学反思    /    北京师范大学出版社

学无止境——构建学习型社会研究    /    北京师范大学出版社

物权：规范与学说：以中国物权法的解释论为中心（上下册）    /    清华大学出版社

民法典体系研究    /    中国人民大学出版社

中国通货膨胀成因的研究    /    中国人民大学出版社

社会互构论：世界眼光下的中国特色社会学理论的新探索——当代中国"个人与社会关系研究"
/    中国人民大学出版社

中国教育叙事研究丛书（4 册）    /    教育科学出版社

嵌入村庄的学校：仁村教育的历史人类学探究    /    教育科学出版社

教育均衡论：中国基础教育均衡发展实证分析    /    人民教育出版社

走向创业型经济——以创新创业带动就业的政策选择　　/　　中央广播电视大学出版社

中国农村经济制度变迁 60 年研究　　/　　厦门大学出版社

产业创新战略：基于网络状产业链内知识创新平台的研究　　/　　上海财经大学出版社

反法西斯战争时期的中国与世界研究（9 册）　　/　　武汉大学出版社

中国古代官阶制度引论　　/　　北京大学出版社

宋代乡村组织研究　　/　　山东大学出版社

中国古籍版刻辞典（增订本）　　/　　苏州大学出版社

中国城市设计文化思想　　/　　东南大学出版社

中国新闻史新修　　/　　复旦大学出版社

汉语词类划分手册　　/　　北京语言大学出版社

模糊数据统计学　　/　　哈尔滨工业大学出版社

核色动力学导论：量子色动力学及其对核子和核结构体系的应用　　/　　中国科学技术大学出版社

最弱受约束电子理论及应用　　/　　中国科学技术大学出版社

化学中的多面体　　/　　北京大学出版社

矿产资源可持续力　　/　　中国地质大学出版社

长江中游洪灾形成与防治的环境地质研究　　/　　中国地质大学出版社

硫化矿浮选电化学（英文版）　　/　　清华大学出版社

仿人机器人理论与技术　　/　　清华大学出版社

煤矿瓦斯防治理论与工程应用　　/　　中国矿业大学出版社

生物医用陶瓷材料　　/　　华南理工大学出版社

青藏铁路工程地质选线　　/　　兰州大学出版社

泥巴山深埋特长隧道岩体工程问题研究　　/　　西南交通大学出版社

民船国防动员技术途径探索与实践　　/　　哈尔滨工程大学出版社

鄂尔多斯蜜源植物　　/　　内蒙古大学出版社

灾难医学　　/　　江苏大学出版社

输尿管外科学　　/　　北京大学医学出版社

膝关节交叉韧带外科学　　/　　北京大学医学出版社

协和皮肤外科学　　/　　中国协和医科大学出版社

纳米毒理学　　/　　中国协和医科大学出版社

肝尾叶切除术（英文版）　　/　　浙江大学出版社

出生缺陷环境病因及其可控性研究　　/　　合肥工业大学出版社

中西医结合风湿免疫病学　　/　　华中科技大学出版社

基因的故事：解读生命的密码　　/　　北京理工大学出版社

赤光：留法勤工俭学运动纪实　　/　　河北大学出版社

共和国粮食报告　　/　　湘潭大学出版社

《富春山居图》真伪（2 册）　　/　　浙江大学出版社

北京美术史（上下卷）　　/　　首都师范大学出版社

设计道：中国设计的基本问题　　/　　重庆大学出版社

山东民间艺术志　　/　　山东大学出版社

中国墓室壁画史　　/　　高等教育出版社

牧犬三部曲（3册）　　/　　外语教学与研究出版社

图说中国民间文化系列（3册）　　/　　华东师范大学出版社

冰波童话（6册）　　/　　教育科学出版社

爹地妈咪我来了　　/　　西安交通大学出版社

糖球儿的虫虫王国历险（6册）　　/　　江西高校出版社

## 第四届（2013年）

解读苏南　　/　　苏州大学出版社

中国经济增长与收入差距：理论与实证研究　　/　　武汉大学出版社

马克思经济学数学模型研究　　/　　中国人民大学出版社

中国地方政府规模和结构优化研究　　/　　中国人民大学出版社

电子文件管理国家战略　　/　　中国人民大学出版社

拒秦兴汉和应对佛教的儒家哲学：从董仲舒到陆象山　　/　　广西师范大学出版社

毛泽东哲学思想史　　/　　中国人民大学出版社

西方史学通史（6卷）　　/　　复旦大学出版社

历史时期长江中游地区人类活动与环境变迁专题研究　　/　　武汉大学出版社

菲律宾华人通史　　/　　厦门大学出版社

楚系简帛释例　　/　　安徽大学出版社

中国北方草原古文化祭　　/　　内蒙古大学出版社

吉祥文化论　　/　　重庆大学出版社

中国语法思想史　　/　　语文出版社

建立不等式的方法　　/　　哈尔滨工业大学出版社

邮票上的数学故事　　/　　华东师范大学出版社

原子光学：基本概念、原理、技术及其应用　　/　　上海交通大学出版社

化工计算传质学导论　　/　　天津大学出版社

空间机器人及其遥操作　　/　　哈尔滨工业大学出版社

振动主动控制及应用　　/　　哈尔滨工业大学出版社

金属粉末成形力学建模与计算机模拟　　/　　华南理工大学出版社

粉末冶金钛基结构材料　　/　　中南大学出版社

中国岩性地层油气藏、前陆冲断带油气藏与深部油气藏的地质学特征与勘探实例　　/　　浙江大学出版社

铁路岩溶工程地质勘察技术　　/　　中国地质大学出版社

南岭锡矿　　/　　中国地质大学出版社

地下储气库围岩力学分析与安全评价　　/　　中国石油大学出版社

朝鲜半岛古代建筑文化　　/　　东南大学出版社

宁波保国寺大殿：勘测分析与基础研究　　/　　东南大学出版社

预应力混凝土高温性能及抗火设计　　/　　哈尔滨工业大学出版社

围压条件下岩石的动态力学特性　　/　　西北工业大学出版社

高速铁路道岔设计理论与实践　　/　　西南交通大学出版社

荒漠生物土壤结皮生态与水文学研究　　／　　高等教育出版社

水稻控制灌溉理论与技术　／　　河海大学出版社

台湾海峡常见鱼类图谱　／　　厦门大学出版社

阿达玛变换光学成像　／　　华中科技大学出版社

探索红色星球　／　　江西高校出版社

畅游海洋科普丛书（10 册）　／　　中国海洋大学出版社

疼痛学　／　　北京大学医学出版社

关节镜外科学　／　　北京大学医学出版社

生殖医学微创手术　／　　北京大学医学出版社

皮肤分枝杆菌病学　／　　中国协和医科大学出版社

邓小平与改革开放 20 年重大决策　／　　苏州大学出版社

马克思主义基础理论研究（上下册）　／　　北京师范大学出版社

私法视野下的信息　／　　重庆大学出版社

学术新域与范式转换——教育活动史研究引论　／　　华中科技大学出版社

西方课程思潮研究　／　　人民教育出版社

新课程下的教学方式转变　／　　西南师范大学出版社

德性心理活动规律探索　／　　西南师范大学出版社

金代文学编年史（上下册）　／　　安徽大学出版社

中国现代美术之路　／　　北京大学出版社

民国书法篆刻史　／　　上海交通大学出版社

小小孩的春天　／　　江西高校出版社

## 入选国家出版基金资助项目情况

　　国家出版基金于 2007 年经国务院批准设立，是我国继自然科学基金、哲学社会科学基金之后的第三大基金。基金由国家新闻出版广电总局、中宣部、财政部、教育部、科技部联合组成国家出版基金管理委员会进行管理，专门用于资助国家重大优秀出版项目。下表为各年度会员入选国家出版基金资助项目情况。

书名　／　出版社

### 2008—2009 年度

马克思主义哲学基础理论研究　　／　　北京师范大学出版社

"历史新起点"书系——高校哲学社会科学研究文丛　／　　中国人民大学出版社

中国行政区划通史　／　　复旦大学出版社

清末法律变革档案　/　中国政法大学出版社

会计大百科辞典　/　上海财经大学出版社有限公司

循环经济与中国绿色发展丛书　/　同济大学出版社

西部资源开发与生态补偿机制研究　/　西南财经大学出版社

中国的非物质文化遗产（中英文版）　/　北京语言大学出版社

美国艺术与科学院院士文学理论与批评经典　/　上海外语教育出版社有限公司

季羡林全集（三十卷）　/　外语教学与研究出版社

宋画全集　/　浙江大学出版社

五六一文化工程　/　北京外语音像出版社、外语教学与研究出版社

朱子著述宋刊集成　/　华东师范大学出版社

张舜徽集 第四辑　/　华中师范大学出版社

全乐府　/　上海交通大学出版社

德汉科技大词典　/　同济大学出版社

中外物理学精品书系　/　北京大学出版社

博览中国系列（多语种版本）　/　中央广播电视大学音像出版社

中华地学通志　/　陕西师范大学出版社

工程机械行业国际交流与合作项目——工程机械系列双向词典　/　大连理工大学出版社

太湖流域水资源保护规划及新技术丛书　/　河海大学出版社

光电成像系统建模及性能评估理论　/　西安电子科技大学出版社

有色金属理论与技术前沿丛书　/　中南大学出版社

大飞机出版工程　/　上海交通大学出版社

中华临床影像学系列丛书　/　北京大学医学出版社

现代农业高新技术成果丛书　/　中国农业大学出版社

湖南省精细化农业气候资源区划　/　湖南大学出版社

中国语音学史　/　语文出版社

格萨尔王传　/　高等教育出版社

## 2010 年度

中国现代文学编年史——以文学广告为中心　/　北京大学出版社

敦煌丝绸艺术全集　/　东华大学出版社有限公司

东欧新马克思主义译丛　/　黑龙江大学出版社

共和朝晖——辛亥首义数字博物馆（简/繁）　/　华中科技大学电子音像出版社

辛亥革命百年纪念文库　/　华中师范大学出版社

菲律宾华人通史　/　厦门大学出版社

中国针灸对外交流通鉴　/　西安交通大学出版社

关学文库　/　西北大学出版社

红藏——记忆 1919—1949（第一编：期刊）　/　湘潭大学出版社有限责任公司

中国近代思想家思想文库　/　中国人民大学出版社

中国方言民俗图典（第一辑）　/　语文出版社

环境保护与可持续发展——大型环境教育系列片    /    高等教育电子音像出版社

## 2011 年度

农村基层党建历程    /    湖南师范大学出版社

丰碑——抗美援朝图片集    /    四川大学出版社有限责任公司

元明刻本朱子著述集成    /    华东师范大学出版社有限公司

西方史学通史    /    复旦大学出版社有限公司

欧亚历史文化文库（第二期 37 种）    /    兰州大学出版社有限责任公司

孙中山民生思想研究    /    北京首都经济贸易大学出版社有限责任公司

清季外交史料    /    湖南师范大学出版社

《康藏前锋》《康藏研究月刊》《康导月刊》校刊影印本    /    四川大学出版社有限责任公司

东欧新马克思主义理论研究    /    黑龙江大学出版社

法国哲学史（三卷本）    /    北京大学出版社有限公司

中国审判案例要览    /    中国人民大学出版社有限公司

萧公权文集    /    中国人民大学出版社有限公司

中国法律思想通史    /    湘潭大学出版社有限责任公司

人权知识读本    /    湖南大学出版社

中国海上维权法典——国际海事公约篇    /    大连海事大学出版社

当代财经管理名著译库    /    东北财经大学出版社

高速铁路与区域经济发展研究    /    成都西南交大出版社有限公司

我国会计准则的国际协调效果研究    /    立信会计出版社有限公司

特殊儿童教育与康复文库（20 册）    /    南京师范大学出版社有限责任公司

语言与教育百科全书（第 2 版）    /    上海外语教育出版社有限公司

中小学讲坛成长起来的杰出人物    /    北京师范大学出版社

中国民间彩绘泥塑集成    /    陕西师范大学出版总社有限公司

中国汉画·陕北卷    /    广西师范大学出版社集团有限公司

甲骨文书法大字典（双色精装版）    /    上海大学出版社有限公司

当代中国比较文学研究文库    /    复旦大学出版社有限公司

全清词·嘉道卷（全十五册）    /    南京大学出版社有限公司

元代古籍集成·经部·诗类    /    北京师范大学出版社

域外汉文燕行文献集成    /    复旦大学出版社有限公司

中国影视文化软实力研究    /    中国传媒大学出版社

青藏高原历史地理研究    /    四川大学出版社有限责任公司

中华民族基因组多态现象研究    /    西安交通大学出版社

钱学森文集——1938—1956 海外学术文献    /    上海交通大学出版社有限公司

中国湿地（中文版、英文版）    /    高等教育出版社

中国鲨生物学研究    /    厦门大学出版社

生育力保护和生殖储备    /    北京大学医学出版社有限公司

航空航天医学全书    /    第四军医大学出版社

干旱半干旱矿区保水采煤方法与实践　　/　　中国矿业大学出版社有限责任公司

大飞机出版工程（二期）　　/　　上海交通大学出版社有限公司

高性能计算技术及自主 CAE 软件出版工程　　/　　大连理工大学出版社有限公司

中国煤矿史　　/　　中国矿业大学出版社有限责任公司

航天科学与工程专著系列　　/　　哈尔滨工业大学出版社

## 2012 年度

胡华文集　　/　　中国人民大学出版社有限公司

中国战时首都档案文献　　/　　重庆西南师范大学出版社有限公司

欧亚历史文化文库（第三期 44 种）　　/　　兰州大学出版社有限责任公司

杜威全集·中期著作（十五卷）　　/　　华东师范大学出版社有限公司

长江流域民俗文化与艺术遗存　　/　　湖南大学出版社

西方古典学研究　　/　　北京大学出版社有限公司

时空社会学：理论和方法　　/　　北京师范大学出版社

汶川地震灾后贫困村恢复重建案例研究　　/　　华中科技大学出版社有限责任公司

互联网治理与法律研究　　/　　北京邮电大学出版社

当代制度分析前沿系列　　/　　上海财经大学出版社有限公司

中国北方古代少数民族服饰研究　　/　　东华大学出版社有限公司

芁野东南的民族　　/　　广州中山大学出版社有限公司

满族文学史（1—4 卷）　　/　　辽宁大学出版社有限责任公司

内蒙古外文历史文献　　/　　内蒙古大学出版社有限责任公司

开放型经济发展战略研究　　/　　湖南师范大学出版社

当代财经管理名著译库（二期工程）　　/　　东北财经大学出版社有限责任公司

常青藤·汉译学术经典　　/　　上海财经大学出版社有限公司

潮汕侨批集成　　/　　广西师范大学出版社有限责任公司

中国汉画·南阳卷　　/　　广西师范大学出版社有限责任公司

神话学文库（第一辑 17 种）　　/　　陕西师范大学出版总社有限公司

叶圣陶全传（共三卷）　　/　　人民教育出版社

钱基博集 第二辑　　/　　华中师范大学出版社有限责任公司

20 世纪儒学通志　　/　　浙江大学出版社有限责任公司

湘西非物质文化遗产　　/　　湖南师范大学出版社

人文雅鲁藏布大峡谷（3 卷）　　/　　成都电子科大出版社有限责任公司

中华语文大词典　　/　　高等教育出版社

汉法大词典　　/　　外语教学与研究出版社有限责任公司

"中华诗歌手语经典诵"系列　　/　　北京交通大学出版社有限责任公司

上博楚简文字声系（1—8）　　/　　安徽大学出版社有限责任公司

后六十种曲　　/　　复旦大学出版社有限公司

琉球王国汉文文献集成　　/　　复旦大学出版社有限公司

影响数学世界的猜想与问题　　/　　哈尔滨工业大学出版社

实用英汉技术词典 　/ 　西安电子科技大学出版社有限公司

自然生态保护 　/ 　北京大学出版社有限公司

内蒙古动物志（1—6卷） 　/ 　内蒙古大学出版社有限责任公司

英汉农业与生物技术词典 　/ 　中国农业大学出版社

克氏外科学（第18版）（中文版） 　/ 　北京大学医学出版社有限公司

实用临床护理操作规程 　/ 　南京东南大学电子音像出版社

脊柱侧凸外科学 　/ 　第二军医大学出版社

中国煤矿安全技术与管理 　/ 　中国矿业大学出版社有限责任公司

宜居环境整体建筑学 　/ 　南京东南大学出版社有限公司

地下工程动态反馈与控制 　/ 　同济大学出版社有限公司

高速铁路安全建设工程技术研究与应用 　/ 　成都西南交大出版社有限公司

舰船现代化 　/ 　哈尔滨工程大学出版社

船舶与海洋出版工程·航母与潜艇系列 　/ 　上海交通大学出版社有限公司

宋代官式建筑营造及其技术 　/ 　同济大学出版社有限公司

日英汉航运大辞典 　/ 　大连海事大学出版社

飞行模拟器 　/ 　北京理工大学出版社有限责任公司

煤矿瓦斯爆炸机理研究及防治技术 　/ 　中国矿业大学出版社有限责任公司

## 2013年度

马克思主义研究论库（第一辑） 　/ 　中国人民大学出版社有限公司

中国特色社会主义理论体系普及读本（12卷） 　/ 　武汉大学出版社有限责任公司

马克思主义法律思想通史（全四卷） 　/ 　南京师范大学出版社有限责任公司

当代哲学经典 　/ 　北京师范大学出版社

中西哲学比较研究史 　/ 　南京大学出版社有限公司

袁宝华文集 　/ 　中国人民大学出版社有限公司

人文学科关键词研究 　/ 　北京大学出版社有限公司

西南少数民族口述传播史研究 　/ 　重庆大学出版社有限公司

社会工作实务手册 　/ 　广州中山大学出版社有限公司

社会工作流派译库 　/ 　华东理工大学出版社有限公司

新媒介与青年亚文化 　/ 　苏州大学出版社有限公司

伟业之路 　/ 　中央教育科学研究所音像出版社

世界华侨华人研究文库（8卷） 　/ 　广州暨南大学出版社有限责任公司

红色延安口述·历史 　/ 　陕西师范大学出版总社有限公司

当代财经管理名著译库（2013年度） 　/ 　东北财经大学出版社有限责任公司

后危机时代经济研究 　/ 　上海财经大学出版社有限公司

会计经典（第一期） 　/ 　立信会计出版社有限公司

中国少数民族教育政策研究 　/ 　教育科学出版社

中国欠发达地区农村幼儿园多媒介多语言教育资源项目 　/ 　教育科学出版社

中国古代文化名家谈 　/ 　中央广播电视大学音像出版社有限责任公司

中国文化典籍计算机整理与开发技术研究　　/　　安徽师范大学出版社有限责任公司

中国近现代海派服装史　　/　　东华大学出版社有限公司

徽州文化大辞典　　/　　中国科学技术大学出版社

世界女子高等教育及大学女校长研究　　/　　中国传媒大学出版社

中国编辑思想发展史（上、中、下卷）　　/　　武汉大学出版社有限责任公司

中华民族典籍翻译研究　　/　　大连海事大学出版社

契丹小字再研究　　/　　内蒙古大学出版社有限责任公司

楚简帛逐字索引（附原文及校释）　　/　　四川大学出版社有限责任公司

全唐诗词语通释　　/　　安徽大学出版社有限责任公司

钱基博集（第三辑）　　/　　华中师范大学出版社有限责任公司

张英全书　　/　　安徽大学出版社有限责任公司

元画全集　　/　　浙江大学出版社有限责任公司

樊粹庭文集　　/　　河南大学出版社有限责任公司

和布奇一起唱——原创儿歌精粹

　　　　　　　　　　　　　　/　　北京外语音像出版社有限公司　外语教学与研究出版社有限责任公司

中国古代民间俗曲曲牌、曲词及曲谱考释（书＋盘）　　/　　南京师范大学出版社有限责任公司

龟兹文化词典　　/　　重庆西南师范大学出版社有限公司

《宋代蜀文辑存》校补　　/　　重庆大学出版社有限公司

在西方发现陈寅恪：中国近代人文学的东方学与西学背景　　/　　北京师范大学出版社

中国学术编年　　/　　华东师范大学出版社有限公司

敦煌石窟美术史（十六国北朝上卷、下卷）　　/　　高等教育出版社有限公司

中国现代文化世家（第一辑）　　/　　郑州大学出版社有限公司

东秦岭——大别造山带及两侧盆地演化与油气勘探（含附图册）　　/　　中国地质大学出版社有限责任公司

东京审判庭审全纪录（英日双档）　　/　　上海交通大学出版社有限公司

（蒙汉合璧）蒙古历史文献汉译　　/　　内蒙古大学出版社有限责任公司

苏州府学志　　/　　苏州大学出版社有限公司

非洲资源开发与中非能源合作安全研究　　/　　南京大学出版社有限公司

两宋登科总录　　/　　广西师范大学出版社有限责任公司

中华茶史·唐代卷　　/　　陕西师范大学出版总社有限公司

珠穆朗玛峰国家级自然保护区鸟类志　　/　　湖南师范大学出版社

中国家蚕实用品种系谱　　/　　重庆西南师范大学出版社有限公司

矿山医学　　/　　北京大学医学出版社有限公司

泌尿外科学　　/　　北京大学医学出版社有限公司

中华医药卫生文物图典（一）　　/　　西安交通大学出版社有限责任公司

转化医学　　/　　第四军医大学出版社

心肌细胞的分子解剖　　/　　第四军医大学出版社

中国气传真菌彩色图谱　　/　　中国协和医科大学出版社

人体动态组织学（10卷）　　/　　郑州大学出版社有限公司

乙型肝炎重症化的基础与临床　　/　　华中科技大学出版社有限责任公司

栽培兰花图鉴 / 中国农业大学出版社

中国水虻总科志 / 中国农业大学出版社

中国能源发展战略选择（上、下册） / 清华大学出版社有限公司

中国西南古建筑典例图文史料 / 重庆大学出版社有限公司

煤氮热变迁与氮氧化物生成 / 西安交通大学出版社有限责任公司

先进燃气轮机设计制造研究 / 西安交通大学出版社有限责任公司

岩层采动裂隙演化规律与应用 / 中国矿业大学出版社有限责任公司

中国煤矿瓦斯地质图编制 / 中国矿业大学出版社有限责任公司

未来无线通信网络 / 北京邮电大学出版社有限公司

石油天然气工程多相流动 / 中国石油大学出版社有限公司

现代兵器火力系统 / 北京理工大学出版社有限责任公司

现代原子核物理 / 哈尔滨工程大学出版社有限公司

水利工程重大安全问题专题研究 / 南京河海大学出版社有限公司

天线工程设计与应用手册 / 成都电子科大出版社有限责任公司

中国航运通史（古代卷） / 大连海事大学出版社

结构动力学及其在航天工程中的应用 / 中国科学技术大学出版社

月球与人类 / 湖南大学出版社有限责任公司

民用飞机适航出版工程 / 上海交通大学出版社有限公司

汉语阿拉伯语词典 / 北京大学出版社有限公司

钱伟长文选（共六卷） / 上海大学出版社有限公司

新编满族大辞典 / 辽宁大学出版社有限责任公司

## 2014 年度

藏传佛教在西域和中原的传播——《大乘要道密集》研究初编 / 北京师范大学出版社

汤一介集 / 中国人民大学出版社有限公司

杜威全集·晚期著作 / 华东师范大学出版社有限公司

社会工作流派译库（第二期） / 华东理工大学出版社有限公司

世界华侨华人研究文库（第二批） / 广州暨南大学出版社有限责任公司

中国量刑改革之路 / 武汉大学出版社有限责任公司

区域社会发展与社会冲突比较研究 / 南京大学出版社有限公司

中国新闻法制通史 / 南京师范大学出版社有限责任公司

中国民主党派 / 北京广播学院音像教材出版社

改革开放口述史 / 中国人民大学出版社有限公司

伟业之梦 / 中央教育科学研究所音像出版社

浙北村落社会变迁六十年 / 复旦大学出版社有限公司

维吾尔族契约文书译注（维汉双语） / 新疆大学出版社

蒋百里全集 / 北京工业大学出版社有限责任公司

潮汕侨批集成（第 3 辑） / 广西师范大学出版社有限责任公司

天然气与中国能源低碳转型战略 / 华南理工大学出版社有限公司

洞庭湖生态经济区研究丛书　　/　　湖南大学出版社有限责任公司

20世纪中国煤矿城市发展史研究　　/　　中国矿业大学出版社有限责任公司

中国近代经济地理　　/　　华东师范大学出版社有限公司

会计准则趋同研究——会计信息质量及经济后果　　/　　立信会计出版社有限公司

中国经济发展史（1949—2010）　　/　　上海财经大学出版社有限公司

两岸产业比较研究丛书　　/　　南开大学出版社

日本侵华殖民教育史料　　/　　人民教育出版社有限公司

中国文化软实力研究　　/　　湖南大学出版社有限责任公司

教育神经科学与国民素质提升　　/　　教育科学出版社

中国电视图史（1958—2013）　　/　　中国传媒大学出版社有限责任公司

张伯苓全集　　/　　南开大学出版社

西南少数民族特殊儿童社会适应性研究　　/　　重庆大学出版社有限公司

明、清、民国时期珍稀老北京话历史文献整理与研究　　/　　北京首都师范大学出版社有限责任公司

古代埃及象形文字文献译注　　/　　长春东北师范大学出版社有限责任公司

汉英成语大词典　　/　　大连海事大学出版社有限责任公司

新世纪汉英百科大词典　　/　　上海外语教育出版社有限公司

中国符号学丛书　　/　　四川大学出版社有限责任公司

《说文》三十部五音阴入阳对举谐声谱　　/　　浙江大学出版社有限责任公司

中国民间文学集成新疆卷维吾尔民间故事集　　/　　新疆大学出版社

中国傩戏剧本集成　　/　　上海大学出版社有限公司

中国历代绘画大系——明画全集　　/　　浙江大学出版社有限责任公司

中国古代禁毁戏剧编年史　　/　　重庆大学出版社有限公司

元代古籍集成第二辑　　/　　北京师范大学出版社

中国古代买地券研究　　/　　厦门大学出版社有限责任公司

东京审判出版工程（第二期）——远东国际军事法庭证据文献集成　　/　　上海交通大学出版社有限公司

光物理研究前沿系列　　/　　上海交通大学出版社有限公司

中国海洋科学技术通史　　/　　中国海洋大学出版社有限公司

中国"金钉子"——中国全球年代地层单位界线层型剖面和点位研究　　/　　浙江大学出版社有限责任公司

0—6岁残障儿童沟通能力康复训练手册　　/　　广州中山大学出版社有限公司

世界毒物全史　　/　　西北大学出版社有限责任公司

生命之窗——生命科学前沿纵览　　/　　第四军医大学出版社

医学发展考　　/　　第四军医大学出版社

实用尿道下裂手术　　/　　中国协和医科大学出版社

风湿免疫病的视觉诊断　　/　　中国协和医科大学出版社

动物疾病病理诊断彩色图谱　　/　　中国农业大学出版社

中间弹道学　　/　　北京理工大学出版社有限责任公司

世界光电经典译丛（第一批）　　/　　华中科技大学出版社有限责任公司

中国古代金属建筑研究　　/　　南京东南大学出版社有限公司

多语种水力机械词汇　　/　　清华大学出版社有限公司

煤层气开发理论与工程实践　　/　　中国石油大学出版社有限公司

城市地下空间防灾与安全系列丛书　　/　　同济大学出版社有限公司

藏文信息处理技术　　/　　成都西南交大出版社有限公司

现代防空导弹制导控制技术　　/　　西北工业大学出版社有限公司

国际海事组织海员行为示范　　/　　大连海事大学出版社有限责任公司

航天发射科学与技术　　/　　北京理工大学出版社有限责任公司

中国航天科技前沿出版工程（一期）·中国航天空间信息技术系列　　/　　清华大学出版社有限公司

飞天梦　　/　　中央教育科学研究所音像出版社

大飞机出版工程·航空发动机系列　　/　　上海交通大学出版社有限公司

## 2015 年度

高校马克思主义理论教学与研究文库　　/　　中国人民大学出版社有限公司

1917—1919：马克思主义经济学在中国的传播启蒙　　/　　上海财经大学出版社有限公司

最美孝心少年　　/　　中央教育科学研究所音像出版社

科学哲学手册　　/　　北京师范大学出版社

中原神话通鉴　　/　　河南大学出版社有限责任公司

中国智能城市建设与推进战略咨询研究丛书　　/　　浙江大学出版社有限责任公司

网络舆情与网络社会治理研究丛书（第一批）　　/　　华中科技大学出版社有限责任公司

人口老龄化社会法制建设　　/　　山东大学出版社有限公司

社会科学研究方法百科全书　　/　　重庆大学出版社有限公司

刑事证据规则研究　　/　　中国人民公安大学出版社

中国经济发展史（1840—1949）　　/　　上海财经大学出版社有限公司

国家产业安全理论与预警机制　　/　　北京交通大学出版社有限责任公司

国别商务环境研究系列丛书（第一批）　　/　　北京对外经济贸易大学出版社有限责任公司

世界会计史：财务报告与公共政策　　/　　立信会计出版社有限公司

会计经典（第二期）　　/　　立信会计出版社有限公司

珞渝文化丛书　　/　　成都电子科大出版社有限责任公司

中国出版产业发展研究　　/　　中国传媒大学出版社有限责任公司

21 世纪以来国外文化战略重要文献选编（中外文对照版）　　/　　武汉大学出版社有限责任公司

高考改革研究丛书　　/　　华中师范大学出版社有限责任公司

教师教育思想史研究（上、下）　　/　　长春东北师范大学出版社有限责任公司

中小学理科教材难度的国际比较研究（6 卷本）　　/　　教育科学出版社

百名院士专家讲科普　　/　　中央广播电视大学音像出版社有限责任公司

惠民信息安全教育电子书系列之《生活中的信息安全》　　/　　大连海事大学出版社有限责任公司

中国文字发展史丛书　　/　　华东师范大学出版社有限公司

汉语印地语大词典　　/　　北京大学出版社有限公司

濒危汉语方言研究丛书（湖南卷）　　/　　湖南师范大学出版社有限责任公司

明、清、民国时期珍稀老北京话历史文献整理与研究（第二辑）

／　北京首都师范大学出版社有限责任公司

早期北京话珍本典籍校释与研究（暨早期北京话文献数字化工程）　／　北京大学出版社有限公司

中国当代文学批评史料编年　／　华东师范大学出版社有限公司

新中国 60 年外国文学研究　／　北京大学出版社有限公司

汤显祖戏剧全集（英文版）　／　上海外语教育出版社有限公司

1931—1945 年东北抗日文学大系　／　黑龙江大学出版社有限责任公司

三国戏曲集成　／　复旦大学出版社有限公司

王佐良全集　／　外语教学与研究出版社有限责任公司

中国工艺美术通史　／　高等教育出版社有限公司

中国黄梅戏唱腔集萃　／　苏州大学出版社有限公司

中国新闻漫画发展史　／　山东大学出版社有限公司

江山高隐——中国绘画史"渔隐""舟渔""垂钓"图像考释　／　东北大学出版社有限公司

造物的智慧——中国传统器具原理与设计　／　人民教育电子音像出版社有限公司

东京审判出版工程第三期——国际检察局讯问记录　／　上海交通大学出版社有限公司

《史记》研究集成·十二本纪　／　西北大学出版社有限责任公司

中国民间收藏汉画像砖石全集　／　河南大学出版社有限责任公司

中国现代文化世家（第二辑）　／　郑州大学出版社有限公司

徽州民间珍稀文献集成　／　复旦大学出版社有限公司

徽文化与徽学研究丛书　／　安徽大学出版社有限责任公司

民国乡村建设：晏阳初华西实验区档案史料　／　重庆西南师范大学出版社有限公司

中国西南民族通史　／　云南大学出版社有限责任公司

艽野东南的民族（系列二）　／　广州中山大学出版社有限公司

天朝异化之角：16—19 世纪西洋文明在澳门（上、下）　／　广州暨南大学出版社有限责任公司

中国古代的知识阶层　／　兰州大学出版社有限责任公司

中国工程师史（复合出版）　／　同济大学出版社有限公司

《现代数学中的著名定理纵横谈——80 个数学著名定理的历史、证明及意义》丛书

／　哈尔滨工业大学出版社有限公司

海洋强国出版工程　／　上海交通大学出版社有限公司

中国铜矿地质地球化学找矿模型及地球化学定量预测方法研究　／　中国地质大学出版社有限责任公司

中国海洋鱼类原色图典　／　中国海洋大学出版社有限公司

中华战创伤学　／　郑州大学出版社有限公司

营养组学　／　中国协和医科大学出版社

中国朝医学　／　延边大学出版社有限责任公司

心血管疾病规范化防治——从指南到实践　／　北京大学医学出版社有限公司

城市核化生爆医学救援指南　／　第二军医大学出版社

口腔修复器材应用技术学　／　第二军医大学出版社

中国农业通史（图文版）　／　西北农林科技大学出版社有限责任公司

集成电路系统科技创新技术　／　成都电子科大出版社有限责任公司

信息光子学与光通信系列丛书    /    北京邮电大学出版社有限公司

材料研究与应用著作    /    哈尔滨工业大学出版社有限公司

中国能源新战略——页岩气出版工程（第一期）    /    华东理工大学出版社有限公司

复杂油气藏物理－化学强化开采工程技术研究与实践丛书    /    中国石油大学出版社有限公司

多孔介质油气藏岩石表面气体润湿性基础理论    /    中国石油大学出版社有限公司

城市地下空间出版工程·规划与设计系列    /    同济大学出版社有限公司

中国汉传佛教建筑史——佛寺的建造、分布与寺院格局、建筑类型及其变迁

/    清华大学出版社有限公司

《工业设计中国之路》多媒体出版项目（第一期）    /    大连理工大学出版社有限公司

中国饮食科学技术史稿    /    浙江工商大学出版社有限公司

大飞机出版工程·民机飞行控制技术系列    /    上海交通大学出版社有限公司

航空航天技术出版工程    /    北京理工大学出版社有限责任公司

中国生态文明发展战略研究丛书    /    湖南师范大学出版社有限公司

世界华侨华人研究文库（第三批）    /    广州暨南大学出版社有限责任公司


## 2016 年度

马克思主义研究论库·第二辑    /    中国人民大学出版社有限公司

《资本论》及其手稿技术思想研究    /    成都西南交大出版社有限公司

马克思主义中国传播史（3 卷本）    /    高等教育出版社有限公司

中国共产党党的教育研究    /    江西高校出版社有限责任公司

延安文艺大事编年    /    陕西师范大学出版总社有限公司

抗战八年——中国抗战记忆（音像制品）    /    北京广播学院音像教材出版社

儒藏（精华编）    /    北京大学出版社有限公司

政治哲学史    /    中国人民大学出版社有限公司

残疾人社会融合及支持体系研究（三册）    /    南京师范大学出版社有限责任公司

中华人民共和国法律手册系列丛书（维文版）    /    新疆大学出版社

如何当好调解员系列丛书    /    湘潭大学出版社有限责任公司

外国刑法理论的思潮与流变    /    中国人民公安大学出版社

钱端升全集（第一辑）    /    中国政法大学出版社有限责任公司

中国城市空间统计模型方法及应用研究    /    长春东北师范大学出版社有限责任公司

中外跨国公司发展史    /    北京对外经济贸易大学出版社有限责任公司

人本会计与财务研究论丛    /    立信会计出版社有限公司

会计工程：信息共享的全球共用会计系统研究（第一辑）    /    立信会计出版社有限公司

中国财政研究丛书    /    立信会计出版社有限公司

财政政治学译丛    /    上海财经大学出版社有限公司

国家产业安全理论与预警机制（下）    /    北京交通大学出版社有限责任公司

国际儿童阅读研究丛书    /    北京师范大学出版社（集团）有限公司

艺术与文化经济学手册（上下卷）    /    东北财经大学出版社有限责任公司

大数据环境下的信息管理技术与服务创新    /    武汉大学出版社有限责任公司

中国网络文化产业政策研究　　/　　四川大学出版社有限责任公司

从古到今的中国服饰文明（普及读本）　　/　　东华大学出版社有限公司

中国远程教育学者文库　　/　　中央广播电视大学出版社有限公司

汉语同源词大典　　/　　复旦大学出版社有限公司

外研社外向型多语种汉语学习词典系列　　/　　外语教学与研究出版社有限责任公司

《汉语大词典》商补续编　　/　　贵州大学出版社有限责任公司

湖南方言系列　　/　　湘潭大学出版社有限责任公司

大河上下：黄河的命运　　/　　湘潭大学出版社有限责任公司

中华古典诗词比兴转义大词典　　/　　东北大学出版社有限公司

一方水土一方乐——中国地域音乐文化（音像制品）　　/　　中央广播电视大学音像出版社有限责任公司

中国傩戏剧本集成（11—20卷）　　/　　上海大学出版社有限公司

中国民间小剧种抢救与研究　　/　　西安交通大学出版社有限责任公司

湘西土家织锦矢量图典与创意设计　　/　　湖南师范大学出版社有限公司

苏州民族民间音乐集成（图书、音像制品）　　/　　苏州大学出版社

中国拓印画通览　　/　　南京东南大学出版社有限公司

中国历代绘画大系——清画全集　　/　　浙江大学出版社有限责任公司

明代以来汉族民间服饰变革与社会变迁（1368年—1949年）　　/　　武汉理工大学出版社有限责任公司

海上丝绸之路研究丛书　　/　　厦门大学出版社有限责任公司

湖北民间文书　　/　　武汉大学出版社有限责任公司

日本近代对中国边疆调查及其文献研究（第一批，5卷）　　/　　广州暨南大学出版社有限责任公司

清前史（5卷本）　　/　　辽宁师范大学出版社有限责任公司

中国新文化百年史（13卷）　　/　　南京师范大学出版社有限责任公司

中国能源盆地构造　　/　　中国矿业大学出版社有限责任公司

弄官山的白头叶猴　　/　　北京大学出版社有限公司

中国蜻蜓大图鉴　　/　　重庆大学出版社有限公司

南方滨海沙生植物资源及沙地植被修复　　/　　厦门大学出版社有限责任公司

遗传性皮肤病图谱　　/　　北京大学医学出版社有限公司

中华药食两用菌类图鉴　　/　　吉林大学出版社有限责任公司

传染病症候群病原学监测与检测技术丛书　　/　　广州中山大学出版社有限公司

饱和潜水医学保障　　/　　第二军医大学出版社

癌症进化发育学　　/　　第二军医大学出版社

历史真实之孙思邈·孙思邈新证　　/　　第四军医大学出版社

动物组织器官再生的比较蛋白组学研究（7卷）　　/　　郑州大学出版社有限公司

鸭病学　　/　　中国农业大学出版社有限公司

国内外饲料成分及营养价值史料　　/　　中国农业大学出版社有限公司

高产高效养分管理技术创新与应用　　/　　中国农业大学出版社有限公司

中国纺织通史　　/　　东华大学出版社有限公司

绿色再制造工程著作　　/　　哈尔滨工业大学出版社有限公司

数字制造科学与技术前沿研究丛书（一期）　　/　　武汉理工大学出版社有限责任公司

提高油气采收率理论与技术丛书（第1辑）　　/　　中国石油大学出版社有限公司

压缩感知理论及其应用　　/　　西安电子科技大学出版社有限公司

自然语言计算机形式分析的理论与方法　　/　　中国科学技术大学出版社有限责任公司

中国藏传佛教建筑史　　/　　南京东南大学出版社有限公司

英汉、汉英矿冶双向词典　　/　　东北大学出版社有限公司

轨道交通宽带移动通信系统理论与关键技术　　/　　北京交通大学出版社有限责任公司

面向未来的城市交通·政策与规划系列　　/　　同济大学出版社有限公司

中国桥梁技术史·古代篇　　/　　北京交通大学出版社有限责任公司

大飞机出版工程·民机先进制造工艺技术系列　　/　　上海交通大学出版社有限公司

民机结构分析和设计手册　　/　　北京航空航天大学出版社有限公司

中国深空测控网：系统设计与关键技术　　/　　清华大学出版社有限公司

生态文明五十讲（音像制品）　　/　　中央广播电视大学音像出版社有限责任公司

珊瑚岛礁淡水透镜体的开发利用　　/　　重庆大学出版社有限公司

地球是个生命体（音像制品）　　/　　中央广播电视大学音像出版社有限责任公司

## 2017 年度

当代马克思主义基础理论研究　　/　　北京师范大学出版社（集团）有限公司

当代国外马克思主义哲学研究　　/　　北京师范大学出版社（集团）有限公司

筑梦路上　　/　　中央教育科学研究所音像出版社

现代国家构建的中国道路——乡村视域中的历史实践　　/　　中国科学技术大学出版社有限责任公司

中国抗战大后方分省研究丛书　　/　　重庆西南师范大学出版社有限公司

东京审判出版工程（第四期）——远东国际军事法庭庭审记录·中译本（一）

　　　　　　　　　　　　　　　　　　　　　　　　　　/　　上海交通大学出版社有限公司

钓鱼岛问题文献集　　/　　南京大学出版社有限公司

当代中国社会道德理论与实践研究丛书　　/　　中国人民大学出版社有限公司

儒藏（精华编）（二期）　　/　　北京大学出版社有限公司

三苏经解集校　　/　　四川大学出版社有限责任公司

跨学科视野下的易学丛书（第一辑）　　/　　华南理工大学出版社有限公司

美国思想文化研究系列（第一辑）　　/　　复旦大学出版社有限公司

西方古典学研究（二期）　　/　　北京大学出版社有限公司

苏曼堪钦白玛襄嘉文集　　/　　中央民族大学出版社有限责任公司

中国国家创新生态系统研究　　/　　中国科学技术大学出版社有限责任公司

"一带一路"国别概览　　/　　大连海事大学出版社有限公司

"喜马拉雅深处的面孔"民族口述影像志　　/　　成都西南交大出版社有限公司

国际视野中的贵州人类学（第四辑）　　/　　贵州大学出版社有限责任公司

世界华侨华人研究文库（第四批）　　/　　广州暨南大学出版社有限责任公司

云环境下网络信息服务组织与安全保障研究丛书　　/　　武汉大学出版社有限责任公司

山东村落田野研究　　/　　山东大学出版社有限公司

青少年法治文库　　/　　外语教学与研究出版社有限责任公司

家事法评注丛书 / 厦门大学出版社有限责任公司

中国审判案例要览（2015 年） / 中国人民大学出版社有限公司

世界审计史 / 立信会计出版社有限公司

中国对外贸易通史 / 北京对外经济贸易大学出版社有限责任公司

21 世纪海上丝绸之路与广东发展研究丛书 / 广州中山大学出版社有限公司

世界公益与慈善经典译丛 / 上海财经大学出版社有限公司

贸易投资新规则与中国自由贸易试验区制度创新 / 北京交通大学出版社有限责任公司

丝绸之路经济带生物多样性经济价值研究 / 陕西师范大学出版总社有限公司

低碳智库译丛 / 东北财经大学出版社有限责任公司

手艺 / 中央教育科学研究所音像出版社

中国电视新闻史 / 中国传媒大学出版社有限责任公司

21 世纪中国城市图书馆丛书 / 天津大学出版社有限责任公司

中国海洋符号丛书 / 中国海洋大学出版社有限公司

中国现代图像新闻史：1919—1949 / 南京大学出版社有限公司

西北联大与现代文明 / 西北大学出版社有限责任公司

东北非物质文化遗产丛书 / 东北大学出版社有限公司

藏族服饰研究 / 东华大学出版社有限公司

走进科学大门丛书 / 人民教育出版社有限公司

特殊儿童教育康复指导丛书 / 重庆大学出版社有限公司

家庭低碳改造 / 中央广播电视大学音像出版社有限责任公司

全球孔子学院汉语教育进入海外主流教育体系研究书系 / 北京语言大学出版社有限公司

高等教育与社会发展论丛 / 华中师范大学出版社有限责任公司

中国残疾人职业教育与就业服务 / 南京师范大学出版社有限责任公司

儿童青少年健全人格培养研究 / 大连海事大学出版社有限责任公司

中华汉英大词典（下） / 复旦大学出版社有限公司

"一带一路"核心区语言战略研究丛书（第一辑） / 南开大学出版社有限公司

纳西东巴文献字释合集 / 重庆大学出版社有限公司

日藏唐代汉字抄本字形表 / 华东师范大学出版社有限公司

尔苏语词汇通释 / 安徽大学出版社有限责任公司

汉语韵律语法丛书 / 北京语言大学出版社有限公司

中国现代文论史 / 北京师范大学出版社（集团）有限公司

汤显祖研究书系 / 江西高校出版社有限责任公司

中国经典文化走向世界丛书（第一期） / 上海外语教育出版社有限公司

力冈译文全集 / 安徽师范大学出版社有限责任公司

汉俄对照中国诗歌系列读本 / 天津大学出版社有限责任公司

多元一体视域下的中国多民族文学研究丛书 / 广州暨南大学出版社有限责任公司

神话学文库（第二辑） / 陕西师范大学出版总社有限公司

中国少数民族史诗研究著作翻译文库 / 辽宁师范大学出版社有限责任公司

中国历代绘画大系——先秦汉唐画全集（传世画部分） / 浙江大学出版社有限责任公司

中国傩戏剧本集成（21—30 卷）　/　上海大学出版社有限公司

中国新兴版画（1931—1945）　/　河南大学出版社有限责任公司

新中国 新电影（第一季）　/　北京广播学院音像教材出版社

中国动画史　/　北京交通大学出版社有限责任公司

敦煌壁画中的家具图式研究　/　南京东南大学出版社有限公司

梅兰芳唱腔全集　/　苏州大学出版社有限公司

当代中国器乐创作研究　/　苏州大学出版社有限公司

陈之佛全集　/　南京师范大学出版社有限责任公司

海南与海上丝绸之路　/　清华大学出版社有限公司

邵亭知见传本书目莫绳孙稿抄本（点校本）　/　贵州大学出版社有限责任公司

历代石刻总目提要（汉至五代）　/　重庆西南师范大学出版社有限公司

中西文化关系通史　/　北京大学出版社有限公司

中国北方民族关系史　/　内蒙古大学出版社有限责任公司

浙江畲族文书集成（第一辑）　/　浙江大学出版社有限责任公司

中国城市通史　/　四川大学出版社有限责任公司

中国盐业考古与盐业文明　/　成都西南交大出版社有限公司

《顺风相送》研究　/　大连海事大学出版社有限责任公司

VR 恐龙世界　/　中央广播电视大学出版社有限公司

加油向未来 科学一起嗨（新形态科普读物）　/　高等教育出版社有限公司

生物力学研究前沿系列　/　上海交通大学出版社有限公司

排序与调度丛书　/　清华大学出版社有限公司

现代数学中的著名定理纵横谈（第二期）——又 16 个数学著名定理的历史、证明及意义丛书

　/　哈尔滨工业大学出版社有限公司

深海：探索与发现　/　同济大学电子音像出版社有限公司

中国西北地区奥陶系达瑞威尔阶至凯迪阶的笔石研究　/　浙江大学出版社有限责任公司

生命的起源与演化　/　中央广播电视大学音像出版社有限责任公司

精编实用中医文库（英汉对照）　/　上海浦江教育出版社有限公司

现代皮肤病学（第二版）　/　上海大学出版社有限公司

现代英汉药物名词规范词典　/　郑州大学出版社有限公司

精准医学出版工程·精准医学基础系列　/　上海交通大学出版社有限公司

中华结构性心脏病介入诊疗规范　/　北京大学医学出版社有限公司

专家讲述生殖的秘密　/　北京大学医学出版社有限公司

高原医学　/　北京大学医学出版社有限公司

中国精神障碍疾病负担及卫生服务利用现况　/　北京大学医学出版社有限公司

移植医学——从基础到临床　/　华中科技大学出版社有限责任公司

肿瘤放射治疗学（第五版）　/　中国协和医科大学出版社

动物超微结构及超微病理学　/　中国农业大学出版社有限公司

鲁班绳墨：中国乡土建筑测绘图集（1—8 卷）　/　成都电子科大出版社有限责任公司

中国铸造发展史（第一卷）　/　中央广播电视大学出版社有限公司

城市地下空间出版工程·运营与维护管理系列　/　同济大学出版社有限公司

工程机械手册　　/　　清华大学出版社有限公司

数字制造科学与技术前沿研究丛书（二期）　　/　　武汉理工大学出版社有限责任公司

瓦斯爆炸与燃烧　　/　　中国矿业大学出版社有限责任公司

煤矿瓦斯灾害动力学及其应用　　/　　中国矿业大学出版社有限责任公司

工业设计中国之路（第二期）　　/　　大连理工大学出版社有限公司

碳酸盐岩缝洞型油藏开采机理及提高采收率基础研究丛书
　　　/　　中国石油大学出版社有限公司

建筑遗产保护学　　/　　南京东南大学出版社有限公司

精细冶金　　/　　中南大学出版社有限责任公司

SoC 设计方法学　　/　　西北工业大学出版社有限公司

大飞机出版工程·ARJ21 新支线飞机技术系列　　/　　上海交通大学出版社有限公司

空间科学与技术研究丛书　　/　　北京理工大学出版社有限责任公司

民机载荷计算手册　　/　　西北工业大学出版社有限公司

航天先进技术研究与应用系列　　/　　哈尔滨工业大学出版社有限公司

山东省自然保护区建设与生物多样性评价研究　　/　　山东大学出版社有限公司


## 中国图书对外推广计划

　　国务院新闻办公室与原新闻出版总署于 2004 年下半年启动 " 中国图书对外推广计划 "。推广的图书主要是：反映中国当代社会、政治、经济、文化等各个方面发展变化，有助于国外读者了解中国、传播中华文化的作品；反映国家自然科学、社会科学重大研究成果的著作；介绍中国传统文化、文学、艺术等具有文化积累价值的作品。国务院新闻办公室资助出版费用。每年度公布"中国图书对外推广计划"综合排名榜前 20 名，会员上榜情况如下。


### 2009 年度

北京语言大学出版社　　　　中国人民大学出版社　　　　北京大学出版社

高等教育出版社　　　　外语教学与研究出版社　　　　清华大学出版社

人民教育出版社


### 2010 年度

中国人民大学出版社　　　　高等教育出版社　　　　北京大学出版社

北京语言大学出版社　　　　浙江大学出版社　　　　清华大学出版社

外语教学与研究出版社　　　　人民教育出版社

### 2013 年度

北京语言大学出版社   中国人民大学出版社   北京大学出版社

清华大学出版社    北京师范大学出版社   浙江大学出版

外语教学与研究出版社

### 2015 年度

中国人民大学出版社   北京大学出版社    北京语言大学出版社

浙江大学出版社    清华大学出版社    外语教学与研究出版社

北京师范大学出版社

### 2016 年度

中国人民大学出版社   北京大学出版社    浙江大学出版社

北京语言大学出版社   清华大学出版社    外语教学与研究出版社

北京师范大学出版社

## 入选国家文化出口重点企业情况

  为培养一批国际文化市场竞争主体，培育和发展一批实力雄厚的外向型大型文化企业，使之成为文化出口的主导力量。商务部、中宣部、财政部、文化部、原国家广播电影电视总局和原新闻出版总署在各地组织申报、相关部门评审的基础上，从 2009 年开始，每年度都共同认定一批国家文化出口重点企业。以下为各年度入选国家文化出口重点企业的会员：

### 2009—2010 年度

中国人民大学出版社   高等教育出版社    外语教学与研究出版社

北京大学出版社    北京语言大学出版社   浙江大学出版社

广西师范大学出版社

### 2011—2012 年度

北京语言大学出版社   外语教学与研究出版社  北京大学出版社

中国人民大学出版社   大连理工大学出版社  浙江大学出版社

广西师范大学出版社

## 2013—2014 年度

北京语言大学出版社　　　　北京大学出版社　　　　中国人民大学出版社

外语教学与研究出版社　　　大连理工大学出版社　　浙江大学出版社

## 2015—2016 年度

外语教学与研究出版社　　　高等教育出版社　　　　人民教育出版社

北京大学出版社　　　　　　北京师范大学出版社　　中国人民大学出版社

北京语言大学出版社　　　　上海交通大学出版社　　浙江大学出版社

广西师范大学出版社　　　　大连理工大学出版社

# 数字转型示范单位情况

为深入贯彻落实党的十八大精神，培育和壮大数字出版产业，加快新闻出版业发展方式转变，原新闻出版总署自 2012 年始，在新闻出版行业开展了传统出版单位数字出版转型示范工作，至今，确定了两批数字出版转型示范单位，本会会员有：

## 第一批（2013 年）

北京师范大学出版社　　　　北京语言大学出版社　　外语教学与研究出版社

华东师范大学出版社　　　　浙江大学出版社

## 第二批（2015 年）

重庆大学出版社　　　　　　大连理工大学出版社　　高等教育出版社

广西师范大学出版社　　　　清华大学出版社　　　　人民教育出版社

上海外语教育出版社　　　　天津大学出版社　　　　武汉大学出版社

中央广播电视大学出版社

## 首批新闻出版业科技与标准重点实验室的会员参与情况

为全面贯彻落实《新闻出版广播影视"十三五"科技发展规划》及《关于加快新闻出版业实验室建设的指导意见》，逐步完善新闻出版业科技创新体系，提高新闻出版领域科技自主创新能力，加强前沿技术跟踪与应用研发，根据新闻出版业实验室建设的统一部署，总局于2016年12月印发《关于发布首批新闻出版业科技与标准重点实验室的通知》，确定了42个首批新闻出版业科技与标准重点实验室。其中会员参与的实验室有：

数字教育富媒体呈现与交互技术重点实验室：

江苏睿泰数字产业园有限公司、江苏云媒数字科技有限公司、江苏大学出版社有限公司

ISLI 在汉语国际推广与中国文化"走出去"产品的应用创新研究实验室：

北京语言大学出版社有限公司、中国新闻出版研究院、中国音像与数字出版协会、深圳市天朗时代科技有限公司、同方知网数字出版技术股份有限公司

## 确定为出版融合发展重点实验室的会员

2016 年 12 月，国家新闻出版广电总局为贯彻落实中央《关于推动传统出版和新兴出版融合发展的指导意见》，推动媒体融合发展，正式公布了 20 家出版融合发展重点实验室。出版融合发展重点实验室将紧盯新技术前沿和新闻出版业发展趋势，积极借鉴、善加利用先进技术和渠道，围绕出版融合发展的重大课题、重大项目和重大发展方向开展集智攻关，创新理念观念、管理体制、经营机制和生产方式，创新技术、产品和业态，尤其着眼模式创新，形成一批可复制、可推广的新技术新成果，为传统出版和新兴出版融合发展提供智力支撑、技术保障和示范经验。列入出版融合发展重点实验室的会员有：

人民教育出版社

外语教学与研究出版社有限责任公司

华东师范大学出版社有限公司

北京师范大学出版社（集团）有限公司

大连理工大学出版社有限公司

# 中国大学出版社协会会员出版物获奖情况（排名不分先后）

书名 / 出版社

## 中宣部精神文明建设"五个一工程"一本好书奖

### 第 4 届（1994 年）

当代中国人口流动与城镇化　/　武汉大学出版社

### 第 5 届（1995 年）

大学生思想政治教育的战略思考　/　东北师范大学出版社

### 第 6 届（1996 年）

现代企业制度论　/　西南财经大学出版社
人与自然丛书（10 分册）　/　东北林业大学出版社
真理，您告诉我——青年理论学习百题　/　广西师范大学出版社

### 第 7 届（1997 年）

中国哲学与辩证唯物主义　/　高等教育出版社
构筑现代经济的核心——面向新世纪的中国金融改革　/　广西师范大学出版社

### 第 8 届（1997 年—2000 年）

邓小平理论青少年读本　/　北京师范大学出版社
社会主义：20 世纪的回顾与前瞻　/　华中师范大学出版社
从民主新路到依法治国——为人民民主奋斗 80 年的中国共产党　/　江西高校出版社

### 第 14 届（2017 年）

伟大也要有人懂：一起来读毛泽东　/　北京大学出版社、中国少年儿童新闻出版总社

# 中国出版政府奖

首届（2007 年）

## 图书奖获奖名单

中国思想家评传丛书（共 200 部）　／　南京大学出版社

知识产权基本问题研究　／　中国人民大学出版社

现代教学论（共 3 卷）　／　人民教育出版社

春秋左氏传旧注疏证续（共 4 册）　／　东北师范大学出版社

中国丝绸通史　／　苏州大学出版社

斗拱（上、下）　／　东南大学出版社

## 图书奖提名奖获奖名单

迈向理性刑事诉讼法学　／　中国人民公安大学出版社

从人口大国迈向人力资源强国　／　高等教育出版社

开发性金融论纲　／　中国人民大学出版社

中国人口史（共 6 卷）　／　复旦大学出版社

中华文明史（共 4 册）　／　北京大学出版社

名家专题精讲（共 30 册）　／　复旦大学出版社

中学西渐丛书（共 5 册）　／　首都师范大学出版社

晚清佛学与近代社会思潮　／　河南大学出版社

中国煤矿灾害防治理论与技术　／　中国矿业大学出版社

多足步行机器人运动规划与控制　／　华中科技大学出版社

列车脱轨分析理论与应用　／　中南大学出版社

水轮机控制工程　／　华中科技大学出版社

中国早期文化意识的嬗变—先秦散文发展线索探寻（共 2 卷）　／　武汉大学出版社

明代文学史　／　浙江大学出版社

古人名字解诂　／　语文出版社

出土夷族史料辑考　／　安徽大学出版社

## 音像电子网络奖获奖名单

环境保护与可持续发展　／　高等教育出版社、高等教育电子音像出版社

鲁迅笔下人物　／　人民教育出版社、人民教育电子音像出版社

盛世钟韵　／　人民教育出版社、人民教育电子音像出版社

汉语 900 句　／　外语教学与研究出版社、北京外语音像出版社、
　　　　　　　　　外研社电子音像网络出版事业部（银盘公司）

**音像电子网络奖提名奖获奖名单**

中国名著半小时　　/　　高等教育出版社、高等教育电子音像出版社
中国国家自然地图集——中国自然资源与环境的形象显示与虚拟数字物理教学演示
　　　　　　　　　　　　　　/　　高等教育出版社、高等教育电子音像出版社、中国地图出版社
电工技能与实训　　/　　高等教育出版社、高等教育电子音像出版社

**印刷复制奖获奖名单**

中华艺术通史　　/　　北京师范大学出版社

**印刷复制奖提名奖获奖名单**

中华民国史　　/　　南京大学出版社
桂林老板路　　/　　广西师范大学出版社

**装帧设计奖获奖名单**

曹雪芹扎燕风筝图谱考工志　　/　　北京大学出版社
荷兰现代诗选　　/　　广西师范大学出版社

**装帧设计奖提名获奖名单**

法国诗选　　/　　复旦大学出版社
21 世纪首届中国黑白木刻展览作品集　　/　　西南师范大学出版社
汉英对照论语　　/　　高等教育出版社

## 第二届（2010 年）

**图书奖获奖名单**

当代学者视野中的马克思主义哲学（共 4 卷 7 册）　　/　　北京师范大学出版社
潘菽全集（共 10 卷）　　/　　人民教育出版社
郑成思版权文集（共 3 卷）　　/　　中国人民大学出版社
中国教育史研究（共 7 卷）　　/　　华东师范大学出版社
非线性科学若干前沿问题　　/　　中国科学技术大学出版社
Atlas of Woody Plants in China: Distribution and Climate( 中国木本植物分布图集)
　　　　　　　　　　　　　　　　　　　　　　　　/　　高等教育出版社
家畜兽医解剖学教程与彩色图谱（第三版）　　/　　中国农业大学出版社
北京谱仪Ⅱ：正负电子物理　　/　　中国科学技术大学出版社
陈国达全集（共 9 卷）　　/　　中南大学出版社

当代药理学（第二版）　／　中国协和医科大学出版社

废名集（共6卷）　／　北京大学出版社

汉俄大词典　／　上海外语教育出版社

**图书奖提名奖获奖名单**

回溯历史——马克思主义经济学在中国的传播史（上、下）　／　上海财经大学出版社

中国思想学说史（共6卷9册）　／　广西师范大学出版社

中古汉字流变（上、下）　／　华东师范大学出版社

人与自然关系中的伦理与法（上、下）　／　湖南大学出版社

东亚华人社会的形成和发展：华商网络、移民与一体化趋势　／　厦门大学出版社

当代中国俄语名家学术文库（共11种）　／　黑龙江大学出版社

儿童心理学手册（第六版）（共4卷）　／　华东师范大学出版社

超声速飞机空气动力学和飞行力学　／　上海交通大学出版社

磁场辅助超精密光整加工技术　／　湖南大学出版社

超宽带天线理论与技术　／　哈尔滨工业大学出版社

科学的旅程（插图版）　／　北京大学出版社

中国洁净煤　／　中国矿业大学出版社

肾活检病理学（第二版）　／　北京大学医学出版社

膝关节交叉韧带外科学　／　北京大学医学出版社

郁达夫全集（共12卷）　／　浙江大学出版社

历代文话（全10册）　／　复旦大学出版社

共和国粮食报告　／　湘潭大学出版社

内蒙古珍宝（共6卷）　／　内蒙古大学出版社

两汉全书（共36卷）　／　山东大学出版社

闽台族谱汇刊（共50册）　／　广西师范大学出版社

新牛津英汉双解大词典　／　上海外语教育出版社

**音像制品、电子出版物和网络出版物奖获奖名单**

大型音像出版工程——魅力中国（中英双语）　／　高等教育电子音像出版社、高等教育出版社

百集大型纪录片《世界历史》　／　人民教育电子音像出版社

汉语乐园　／　北京语言大学出版社有限公司

北京印象　／　人民教育电子音像出版社

中国手语互动教学软件　／　华中科技大学电子音像出版社

全国教育数字音像资源总库　／　高等教育电子音像出版社、高等教育出版社

摩尔庄园　／　同济大学电子音像出版社有限公司、上海淘米网络科技有限公司

**音像制品、电子出版物和网络出版物提名奖获奖名单**

《智慧之城》——40 集保护知识产权普及教育动画系列片

　　　　　　　　　　　　　　　　　　　　　/　　高等教育电子音像出版社、高等教育出版社

高校思想政治理论课电子课件　　/　　　高等教育电子音像出版社

思飞小学英语网　　/　　　上海外语教育出版社有限公司

## 印刷复制奖获奖名单

季羡林全集（1—12 卷）　　/　　　外语教学与研究出版社

宋画全集（第七卷）　　/　　　浙江大学出版社

## 印刷复制奖提名奖获奖名单

《新集藏经音义随函录》研究　　/　　　湖南师范大学出版社

饶宗颐二十世纪学术文集　　/　　　中国人民大学出版社

中国艺术动画 30 年　　/　　　浙江大学电子音像出版社

## 装帧设计奖获奖名单

私想者　　/　　　华东师范大学出版社

中国桥梁建设新进展（1991—　）（中英文双解）　　/　　　东南大学出版社

## 装帧设计奖提名奖获奖名单

西部地理——甘肃印象　　/　　　浙江大学出版社

比较文字——图说中西文字源流　　/　　　重庆大学出版社

魅力中国——中国文化精粹、中国工艺珍宝、中国非物质文化遗产　　/　　　高等教育出版社

## 第三届（2013 年）

## 图书奖获奖名单

中国儒学史　　/　　北京大学出版社

新结构经济学：反思经济发展与政策的理论框架　　/　　　北京大学出版社

疼痛学　　/　　北京大学医学出版社

物权：规范与学说——以中国物权法的解释论为中心（上、下册）　　/　　　清华大学出版社

汉画总录（10 册）　　/　　广西师范大学出版社

美国哈佛大学哈佛燕京图书馆藏中文善本书志　　/　　广西师范大学出版社

## 图书奖提名奖获奖名单

中华人民共和国刑法的孕育诞生和发展完善　　/　　　北京大学出版社

中国古代官阶制度引论　　/　　北京大学出版社

财富论（第一、二卷）　　/　　北京大学出版社、广东经济出版社

中国现代美术之路　　/　　北京大学出版社

马克思主义哲学基础理论研究　　/　　北京师范大学出版社

清代学术源流　　/　　北京师范大学出版社

国际商事争议解决机制研究　　/　　武汉大学出版社

楚地出土战国简册研究　　/　　武汉大学出版社

南京大屠杀全史（上、中、下）　　/　　南京大学出版社

To Leverage Innovation Capabilities of Chinese Small-&Medium-Sized Enterprises by Total Innovation Management（运用全面创新管理提升中国中小企业的创新能力）　　/　　浙江大学出版社

Primary Liver Cancer: Challenges and Perspectives（原发性肝癌：挑战与展望）　　/　　浙江大学出版社

元画全集　　/　　浙江大学出版社

宽带天线与天线阵列　　/　　北京邮电大学出版社

雷达对抗工程　　/　　北京航天航空大学出版社

中国乡土建筑初探　　/　　清华大学出版社

中国昆虫生态大图鉴　　/　　重庆大学出版社

化学的进程　　/　　外语教学与研究出版社

最弱受约束电子理论及应用（修订版）　　/　　中国科学技术大学出版社

狄更斯全集　　/　　浙江工商大学出版社

宋代诏令全集　　/　　四川大学出版社

中国白族白文文献释读　　/　　广西师范大学出版社

元画全集　　/　　浙江大学出版社


## 音像电子网络出版物奖获奖名单

国粹京剧　　/　　人民教育电子音像出版社

绿色印刷与平板胶印机结构原理　　/　　人民教育电子音像出版社

大型环境教育系列片——环境保护与可持续发展　　/　　高等教育出版社、高等教育电子音像出版社

爱课程网　　/　　高等教育出版社、高等教育电子音像出版社

中国古代科技文明　　/　　南京大学出版社

中国有色金属知识库　　/　　中南大学出版社


## 音像电子网络出版物奖获提名奖名单

《你好，中国》——百集全媒体文化体验　　/　　高等教育出版社 、高等教育电子音像出版社

FLTRP iTEST 大学英语测试与训练系统　　/　　外语教学与研究出版社有限责任公司


## 印刷复制奖获奖名单

启功全集　　/　　北京师范大学出版社

包装设计　　/　　南京师范大学出版社

**印刷复制奖获提名奖名单**

超越再现：8世纪至14世纪中国书画　　/　　浙江大学出版社

亲子关系：家庭教育导论　　/　　高等教育出版社

**装帧设计奖获奖名单**

纸　　/　　北京大学出版社

荒漠生物土壤结皮生态与水文学研究　　/　　高等教育出版社

**装帧设计奖获提名奖名单**

人教版义务教育教科书（套书）　　/　　人民教育出版社

7+2登山日记　　/　　北京大学出版社

100李山　　/　　上海大学出版社

## 第四届（2016年）

**图书奖获奖名单**

马克思主义法律思想通史　　/　　南京师范大学出版社

中国文字发展史　　/　　华东师范大学出版社

古代埃及象形文字文献译注　　/　　东北师范大学出版社

Contemporary Ecology Research in China（当代中国生态学研究）　　/　　高等教育出版社

感染微生态学：理论与实践（Infectious Microecology：Theory and Applications）　　/　　浙江大学出版社

新中国60年外国文学研究　　/　　北京大学出版社

伟大也要有人懂：一起来读毛泽东　　/　　北京大学出版社、中国少年儿童新闻出版总社

汉法大词典　　/　　外语教学与研究出版社

中国民间文学集成·新疆卷：维吾尔民间故事集（维吾尔文）　　/　　新疆大学出版社

**图书奖获提名奖名单**

建设公正高效权威的社会主义司法制度研究（全四卷）　　/　　中国人民大学出版社

中国行政区划通史　　/　　复旦大学出版社

中国汉传佛教建筑史——佛寺的建造、分布与寺院格局、建筑类型及其变迁　　/　　清华大学出版社

中国方言民俗图典系列（第一辑）　　/　　语文出版社

中西哲学比较研究史　　/　　南京大学出版社

21世纪学生发展核心素养研究　　/　　北京师范大学出版社

教育研究的逻辑　　/　　教育科学出版社

凝聚态物理学（上、下卷）　　/　　高等教育出版社

昆仑植物志　　/　　重庆出版社

电子设计可靠性工程　　/　　西安电子科技大学出版社

中国古代金属建筑研究　　/　　东南大学出版社

社会文化科学背景下的技术编年史（远古—1900）　　/　　高等教育出版社

寒武大爆发时的人类远祖　　/　　西北大学出版社

水基础科学理论与实验　　/　　北京大学出版社

中国公共卫生丛书　　/　　中国协和医科大学出版社

汉字源流精解字典　　/　　人民教育出版社

陈从周全集　　/　　江苏文艺出版社、浙江大学出版社

新校订六家注文选　　/　　郑州大学出版社

维吾尔族契约文书译注（维吾尔文）　　/　　新疆大学出版社

**音像制品、电子出版物、网络出版物获奖名单**

中华经典资源库　　/　　人民教育电子音像出版社、中宸国际传媒有限公司

造物的智慧——中国传统器具原理与设计　　/　　人民教育电子音像出版社、北京印刷学院

东京审判文献数据库　　/　　上海交通大学出版社、上海交通大学音像出版社

**音像出版物奖获提名奖名单**

中华文化概览（汉俄、汉法、汉西双语）　　/　　天津外语电子音像出版社

**装帧设计奖获奖名单**

囊括万殊 裁成一相：中国汉字"六体书"艺术　　/　　高等教育出版社

一点儿北京　　/　　同济大学出版社

薄薄的故乡　　/　　重庆大学出版社

**印刷复制奖获提名奖名单**

中国古代文学作品选第三卷　　/　　高等教育出版社

教学改革的回归与创新——"学习与思维"课题研究20年　　/　　教育科学出版社

化解教学难点，教会每一个学生　　/　　教育科学出版社

唐诗三百首精选　　/　　大连理工大学出版社

阿里壁画　　/　　浙江大学出版社

吟秋书论　　/　　苏州大学出版社

**装帧设计奖获提名奖名单**

生态智慧（四册）　　/　　高等教育出版社

小侦探：汉英对照　　/　　同济大学出版社

叶圣陶全传　　/　　人民教育出版社

设计新动力丛书 / 重庆西南师范大学出版社

潘天寿全集 / 浙江大学出版社 浙江人民美术出版社


# 中华优秀出版物奖

## 首届（2006 年）

### 中华优秀出版物（图书）奖

法律科学文库（19 册） / 中国人民大学出版社

《手稿》的美学解读 / 辽宁大学出版社

中国劳动力流动与"三农"问题 / 武汉大学出版社

徽州文书（第 1 辑）(10 册) / 广西师范大学出版社

中国丝绸通史 / 苏州大学出版社

华夏意匠：中国古典建筑设计原理分析 / 天津大学出版社

隧道凿岩机器人 / 中南大学出版社

生物大灭绝与复苏——来自华南古生代和三叠纪的证据 / 中国科学技术大学出版社

新型有限元论 / 清华大学出版社

泌尿外科内镜诊断治疗学 / 北京大学医学出版社

中国人群死亡及其危险因素流行水平、趋势和分布 / 中国协和医科大学出版社

旧五代史新辑会证（12 册） / 复旦大学出版社

### 图书奖提名作品

教育与发展：创新人才的心理学整合研究 / 北京师范大学出版社

战略资产配置——长期投资者的资产组合选择 / 上海财经大学出版社

史证 / 中国人民公安大学出版社

中草药与民族药药材图谱 / 北京大学医学出版社

### 中华优秀出版物（音像）奖

歌声与微笑——谷建芬儿童歌曲选（CD） / 人民教育电子音像出版社

高级中学国防教育（DVD） / 高等教育出版社

蓓蕾之歌（DVD） / 人民教育电子音像出版社

### 中华优秀出版物（游戏）奖

大唐风云 / 浙江大学电子音像出版社、杭州天畅网络科技有限公司

**音像奖提名作品**

中国名著半小时（CD） / 高等教育出版社

**中华优秀出版物（电子）奖**

盛世钟韵（DVD-ROM） / 人民教育电子音像出版社
数字物理教学演示（CD-ROM） / 高等教育电子音像出版社
地理教学信息系统——超级地图（CD-ROM） / 人民教育电子音像出版社

**电子奖提名作品**

蒙古族传统乐器（CD-ROM） / 外语教学与研究出版社
雷锋——永恒的珍藏（CD-ROM） / 华中科技大学电子音像出版社

**中华优秀出版物（论文）奖**

对专业出版核心竞争力的认识 / 中国传媒大学出版社
出版企业文化的层次及特征 / 东北大学出版社
关于科学出版观的初步思考 / 复旦大学出版社
定位·理念·战略——论大学出版社走有自身特色的可持续发展道路 / 湖南大学出版社
从出版物的双重属性看出版者的社会责任 / 中国人民大学出版社
实用图书成本控制模型及应用 / 湖南师范大学出版社
论创新型编辑人才的激励 / 北京交通大学出版社
利用教师资源库，助推高校教材营销 / 东北财经大学出版社
论网络时代的版权保护与社会主义精神文明建设 / 华中师范大学出版社

## 第二届（2008 年）

**中华优秀出版物（图书）奖**

国外马克思主义研究论丛（6 册） / 黑龙江大学出版社
中国思想学说史（9 册） / 广西师范大学出版社
中国经济问题丛书（33 册） / 中国人民大学出版社
历代文话（10 册） / 复旦大学出版社
五卷本英国文学史（5 卷） / 外语教学与研究出版社
中国文学史新著（上中下卷） / 复旦大学出版社、上海文艺出版总社
中华艺术通史（13 卷） / 北京师范大学出版社
钪和含钪合金 / 中南大学出版社
精神测验——健康与疾病定量测试法（RTHD）及案例评定（第一版） / 中国协和医科大学出版社
康有为全集（12 卷） / 中国人民大学出版社

**图书奖提名作品**

中国特色社会主义基本问题研究　　/　　武汉大学出版社

公司治理·内部控制前沿译丛（3 册）　　/　　东北财经大学出版社

法国文化史（4 册）　　/　　华东师范大学出版社

车辆乘员碰撞安全保护技术　　/　　湖南大学出版社

洞庭湖脊椎动物监测及鸟类资源　　/　　湖南师范大学出版社

蓟县独乐寺　　/　　天津大学出版社

大黄的现代研究　　/　　北京大学医学出版社

中华小儿外科学　　/　　郑州大学出版社

潘菽全集（10 卷）　　/　　人民教育出版社


**中华优秀出版物（音像）奖**

第一套全国中小学校园集体舞 (DVD)　　/　　人民教育电子音像出版社

《大梦王小书包》系列动画片 (DVD)　　/　　人民教育电子音像出版社


**音像奖提名作品**

彝音天籁 (CD)　　/　　云南大学电子音像出版社


**中华优秀出版物（电子）奖**

水墨时空（CD-ROM）　　/　　人民教育电子音像出版社

诗词鉴赏（DVD-ROM）　　/　　南京大学电子音像出版社


**电子奖提名作品**

九年义务教育课本　小学数学多媒体教师用教学课件、多媒体学生用学习软件（CD-ROM）

　　　　　　　　　　　　　　　　　　　　　　　/　　上海复旦大学电子音像出版社


**中华优秀出版物（游戏）奖**

凯玛历险记（PC 单机）　　/　　大连理工大学出版社

天机 online（PC 网络）　　/　　浙江大学电子音像出版社


**中华优秀出版物（论文）奖**

建国前大学出版的理念、运营及得失　　/　　复旦大学出版社

微观改制：事业部的效绩与演变——兼论"扁平化管理"在出版社内部体制改革中的作用

　　/　　南开大学出版社

当前我国出版生态十大失衡现象　　／　　中国人民大学出版社

关于编辑职能演变的思考　　／　　复旦大学出版社

我国编辑加工社会化的现状与探索　　／　　高等教育出版社

编辑职责"后移"的现象应该引起重视　　／　　苏州大学出版社

专职校对的公平激励机制探究　　／　　苏州大学出版社

论中美版权侵权行为结构的差异　　／　　西南师范大学出版社

**第二届中华优秀出版物奖"抗震救灾特别奖"（图书类）**

爱在燃烧：汶川诗草　　／　　苏州大学出版社

大爱千秋——记汶川大地震抗震救灾英雄谭千秋　　／　　湖南大学出版社

大力弘扬伟大抗震救灾精神——记抗震救灾中的英雄教师　　／　　人民教育出版社

地震伤残的康复与护理　　／　　中国协和医科大学出版社

地震灾后心理康复完全手册　　／　　暨南大学出版社

惊天地 泣鬼神：汶川大地震诗抄　　／　　华东师范大学出版社

让爱一路陪伴：灾后心理救助手册　　／　　中国人民大学出版社

时间之殇：5.12汶川大地震图文报告　　／　　西南师范大学出版社

汶川大地震工程震害分析　　／　　西南交通大学出版社

汶川地震灾后重建学校规划建筑设计参考图集　　／　　同济大学出版社

灾后心理危机研究：5.12汶川地震心理危机干预的调查报告　　／　　北京航空航天大学出版社

**音像电子游戏类**

地震的防护与自救（DVD）　　／　　中国人民大学出版社

## 第三届（2010年）

**中华优秀出版物（图书）奖**

马克思主义经济学与西方经济学比较研究（3卷）　　／　　中国人民大学出版社

清代道光至宣统间粮价表（23册）　　／　　广西师范大学出版社

煤矿瓦斯防治技术与工程实践　　／　　中国矿业大学出版社

激光器动力学　　／　　哈尔滨工业大学出版社

走进殿堂的中国古代科技史（上、中、下）　　／　　上海交通大学出版社

张舜徽集　　／　　华中师范大学出版社

上海图书馆未刊古籍稿本　　／　　复旦大学出版社

汉字文化大观　　／　　人民教育出报社

西安鼓乐古曲谱集——四调八拍坐乐全套　　／　　西安交通大学出版社

当代学者视野中的马克思主义哲学（4卷）　　／　　北京师范大学出版社

**图书奖提名作品**

汉俄大词典　/　上海外语教育出版社

当代中国俄语名家学术文库（11 册）　/　黑龙江大学出版社

科学的旅程（插图版）　/　北京大学出版社

潘序伦文集　/　信会计出版社

完善体制阶段的和谐社会建设与公共财产安排　/　东北财经大学出版社

发达国家发展初期与当今发展中国家经济发展比较研究　/　武汉大学出版社

陈国达全集　/　中南大学出版社

生命科学与工程　/　高等教育出版社

高性能多相复合陶瓷　/　清华大学出版社

中国历史上的科学发明（插图本）　/　上海大学出版社

再造一个地球—人类移民火星之路　/　北京理工大学出版社

呼吸危重病学（上、下册）　/　中国协和医科大学出版社

饶宗颐二十世纪学术文集（14 卷 20 册）　/　中国人民大学出版社

中华锦绣（8 册）　/　苏州大学出版社

杜拉拉升职记　/　陕西师范大学出版社

全球化与当代中国文化发展研究丛书（6 册）　/　山东大学出版社

**中华优秀出版物（音像）奖**

世界历史 (DVD)　/　人民教育电子音像出版社

大型音像出版工程—魅力中国（中英双语）(DVD)　/　高等教育电子音像出版社

**音像奖提名作品**

大理上下四千年 (DVD)　/　云南大学电子音像出版社

《智慧之城》——40 集保护知识产权普及教育动画系列片 (DVD)　/　高等教育电子音像出版社

谁说青春无烦恼——为青少年心灵解惑 (DVD)　/　中央教育科学研究所音像出版社

孔子的故事 (DVD)　/　华中科技大学电子音像出版社

"小海豚"中华典故亲子读物 (DVD)　/　大连理工大学电子音像出版社

**中华优秀出版物（电子）奖**

北京印象（DVD-ROM)　/　人民教育电子音像出版社

中国文化、历史、地理常识 (DVD-ROM CD-ROM)　/　中央广播电视大学音像出版社

小演奏家之友（钢琴、手风琴、长笛)(CD-ROM)　/　大连理工大学电子音像出版社

**电子奖提名作品**

数字物理（高中物理数字计算机模拟平台、高中数字物理教学模块库）（CD-ROM)

　/　人民教育电子音像出版社

文学理论课程智能教学系统（CD-ROM）　　/　　高等教育出版社

外研社手机词典系列（英法德西俄意韩日）（其他）　　/　　外语教学与研究出版社

汉语乐园（1级、2级、3级）（CD-ROM）　　/　　北京语言大学电子音像出版社

## 中华优秀出版物（游戏）奖

摩尔庄园（网络）　　/　　上海同济大学电子音像出版社有限公司

## 中华优秀出版物（科研论文）奖

民间文学艺术的知识产权保护模式研究　　/　　西南师范大学出版社

时政读物策划出版的着力点探讨　　/　　广西师范大学出版社

新形势、新视角、新策略——以科学发展观促图书编校质量的提高　　/　　人民教育出版社

接受理论与编辑的读者观念　　/　　南京大学出版社

掌握出版规律 逐步走向成熟　　/　　北京大学医学出版社

二十一世纪卖的就是品牌——出版社品牌建设的若干思考　　/　　上海外语教育出版社

出版社体制改革要处理好十大关系　　/　　高等教育出版社

数字时代内容出版选题策划的走向　　/　　华中师范大学出版社

数字出版：新的革命　　/　　浙江大学出版社有限责任公司

为出版插上飞翔的翅膀——论技术在成本变迁中的作用　　/　　复旦大学出版社

出版社图书退货的全程控制分析　　/　　中山大学出版社有限公司

大学教材营销策略研究　　/　　武汉大学出版社

图书物流成本与物流模式演化分析　　/　　西安交通大学出版社

## 第四届 (2012 年)

### 中华优秀出版物图书奖获奖名单

马克思主义基础理论研究（2卷）　　/　　北京师范大学出版社

中国儒学史　　/　　北京大学出版社

中国传统法律文化研究（10卷）　　/　　中国人民大学出版社

中国近代图像新闻史：1840—1919（6卷）　　/　　南京大学出版社

明清域外官话文献语言研究　　/　　东北师范大学出版社

英国国家图书馆藏敦煌遗书（10册）　　/　　广西师范大学出版社

出生缺陷环境病因及其可控性研究　　/　　合肥工业大学出版社

催化浸金电化学基础与技术　　/　　中南大学出版社

现代心脏病学　　/　　复旦大学出版社

中国人生理常数与健康状况调查报告（3册）　　/　　中国协和医科大学出版社

输尿管外科学　　/　　北京大学医学出版社

农村基层党建历程　　/　　湖南师范大学出版社

孙中山民生思想研究　　/　　首都经济贸易大学出版社

中国古代地方政治研究（6册）　/　　山东大学出版社

重建精神家园　　/　　安徽师范大学出版社

中国法律思想通史　　/　　湘潭大学出版社

"守望者的凝思：读懂学校、读懂校长"系列论丛（8册）　　/　　教育科学出版社

青少年心理深呼吸丛书（4册）　/　　四川大学出版社

解读苏南　　/　　苏州大学出版社

中国证券市场价格联动效应分析　　/　　东北财经大学出版社

中国会计准则的国际趋同效果研究　　/　　立信会计出版社

中国语音学史　　/　　语文出版社

辛亥革命百年纪念文库（23册）　　/　　华中师范大学出版社

服饰中华——中华服饰七千年（4册）　　/　　清华大学出版社

黎族研究大系（4卷）　　/　　上海大学出版社

《营造法式》彩画研究　　/　　东南大学出版社

楚帛书诂林　　/　　安徽大学出版社

阅读织物上的历史——中华嫁衣文化调查　　/　　陕西师范大学出版社

工程机械双向词典（6册）　　/　　大连理工大学出版社

新编小学生字典（第4版）　　/　　人民教育出版社

鄂尔多斯史诗　　/　　内蒙古大学出版社

日本汉文学史　　/　　上海外语教育出版社

糖球儿的虫虫王国历险（6册）　　/　　江西高校出版社

中国昆虫生态大图鉴　　/　　重庆大学出版社

纵弯模态压电金属复合梁式超声电机　　/　　哈尔滨工业大学出版社

强度理论新体系：理论、发展和应用（第2版）　　/　　西安交通大学出版社

基因的故事　　/　　北京理工大学出版社

基于H.264的视频编/解码与控制技术　　/　　北京邮电大学出版社

钱学森文集（1938—1956海外学术文献）中、英文版　　/　　上海交通大学出版社

沈括全集　　/　　浙江大学出版社

高级法医学　　/　　郑州大学出版社

空间医学与生物学研究　　/　　第四军医大学出版社


## 中华优秀出版物音像出版物获奖名单

开天辟地90年　　/　　中央教育科学研究所音像出版社

《你好，中国》百集全媒体、多语种文化体验产品　　/　　高等教育出版社有限公司

国粹京剧　　/　　人民教育电子音像出版社有限公司

**中华优秀出版物音像出版物版物提名奖获奖名单**

中国的非物质文化遗产　　/　　北京语言大学出版社有限公司

大爱育人中华魂——徐特立　　/　　北京理工大学出版社有限责任公司

**电子出版物获奖作品**

绿色印刷与平版胶印机结构原理　　/　　人民教育电子音像出版社有限公司

中国传统图案与配色系列丛书　　/　　大连理工大学电子音像出版社

中国文化　　/　　北京语言大学出版社有限公司

**电子出版物提名奖作品**

共和朝晖——辛亥首义数字博物馆　　/　　华中科技大学电子音像出版社

煤矿员工岗位规范操作多媒体教程　　/　　中国矿业大学出版社有限责任公司

优优英语 YO YO English　　/　　北京师范大学音像出版社

步步为赢　　/　　南京大学电子音像出版社

**游戏出版物获奖作品**

赛尔号　　/　　上海同济大学电子音像出版社有限公司

龙将　　/　　上海同济大学电子音像出版社有限公司

**游戏出版物提名奖作品**

PK 英语　　/　　教育科学出版社

**中华优秀出版物（出版科研论文）奖（54 篇）**

公司治理结构：当前大学出版社面临的问题与路径选择　　/　　中国传媒大学出版社　蔡翔

建设新闻出版强国的战略思考和措施　　/　　中国人民大学出版社　贺耀敏

例谈理校法在书稿审读加工中的运用　　/　　北京大学出版社　王飙

关于出版社编辑科研困境的思考　　/　　中山大学出版社　邹岚萍

刍议编辑与文化资源再度创新——兼论人教版叶圣陶系列图书的策划　　/　　人民教育出版社　陈涓

高校教材中的逆向淘汰及其对策研究　　/　　高等教育出版社有限公司　段博原

论高校去行政化及其对高校出版社体制改革的影响　　/　　湖南师范大学出版社　李文邦

"专业化出版"三题　　/　　重庆大学出版社有限公司　饶帮华

关于编辑创造力的思考　　/　　复旦大学出版社　贺圣遂

浅谈编辑专业成长的"最近发展区"　　/　　南京师范大学出版社　周璇　周海忠

复合出版与传统出版社数字化转型　　/　　南京大学出版社　　左健　孙辉

## 第五届（2014年）

### 中华优秀出版物图书奖名单

苏共亡党二十年祭　　/　　江西高校出版社

马克思主义哲学基础理论研究　　/　　北京师范大学出版社

远东国际军事法庭庭审记录

远东国际军事法庭庭审记录索引、附录　　/　　上海交通大学出版社、国家图书馆出版社

中国经济双重转型之路　　/　　中国人民大学出版社

中国文化生成史　　/　　武汉大学出版社

情境教育三部曲（3 册）　　/　　教育科学出版社

中国古代民间俗曲曲牌、曲词及曲谱考释（附 CD 光盘 2 张）　　/　　南京师范大学出版社

平如美棠——我俩的故事　　/　　广西师范大学出版社集团有限公司

南画十六观　　/　　北京大学出版社

宽带移动通信系统的网络自组织 (SON) 技术　　/　　北京邮电大学出版社

中国古典园林五书　　/　　清华大学出版社

智能作战机器人　　/　　北京理工大学出版社

空间折展机构设计　　/　　哈尔滨工业大学出版社

超硬材料制造与应用技术　　/　　郑州大学出版社

中国公共卫生丛书：理论卷、方法卷、实践卷　　/　　中国协和医科大学出版社

《生育力保护与生殖储备》等丛书共 4 册　　/　　北京大学医学出版社

现代临床血液病学　　/　　复旦大学出版社

### 中华优秀出版物图书提名奖名单

新媒介与青年亚文化丛书（7 册）　　/　　苏州大学出版社

20 世纪儒学通志（4 卷）　　/　　浙江大学出版社

中国家庭金融调查报告·2012　　/　　成都西南财经大学出版社

城镇化大转型的金融视角　　/　　厦门大学出版社

共和肇始：南京临时政府研究　　/　　南京大学出版社

中国现代文化世家丛书（第一辑）(4 册)　　/　　郑州大学出版社

雨打芭蕉——一个乡村民办教师的回忆录（1958—1980）（上下）　　/　　语文出版社

上博楚简文字声系（1—8）　　/　　安徽大学出版社

神话学文库　　/　　陕西师范大学出版总社

全清词·雍乾卷（16 册）　　/　　南京大学出版社

中国北方古代少数民族服饰研究（6 卷）　　/　　东华大学出版社

中国佛教美术发展史　　/　　东南大学出版社

中国古代机械文明史　　/　　同济大学出版社

多体物理中的相干态正交化方法及其应用　　/　　中国科学技术大学出版社

高速铁路安全建设工程技术研究及应用系列丛（4 册）　　/　　成都西南交通大学出版社

湿地生态系统碳、氮、硫、磷生物地球化学过程    /    中国科学技术大学出版社

**中华优秀出版物音像电子游戏出版物奖名单**

中国古代文化名家谈    /    中央广播电视大学音像出版社

中华诗歌手语经典诵    /    北京交通大学出版社

奠基新中国    /    人民教育电子音像出版社

环境保护与可持续发展——大型环境教育系列片    /    高等教育电子音像出版社

好玩的汉字    /    人民教育电子音像出版社

**音像电子游戏出版物提名奖名单**

大转型    /    中国人民大学出版社

博览中国    /    中央广播电视大学音像出版社、北京语言大学电子音像出版社

文化中国    /    中央教育科学研究所音像出版社

蓝珊瑚大讲堂·中国书法    /    高等教育出版社、高等教育音像出版社

二泉映月    /    北京环球音像出版社

木灵宝贝之重回帆智谷    /    华中科技大学电子音像出版社

《中国经济》多媒体讲座软件    /    北京语言大学出版社

中国传统保健养生（中英对照）    /    重庆西南师范大学电子音像出版社

洛宝贝中华传统故事集    /    中国人民大学出版社

泌尿外科微创技术标准化教程    /    华中科技大学电子音像出版社

塔防三国志    /    上海同济大学电子音像出版社

**中华优秀出版物（出版科研论文）奖获奖论文名单**

出版社图书选题风险管理现状调查    /    大连出版社    刘明辉    东北财经大学出版社    李智慧

中国出版"公益不足"的制度障碍及市场机制效用研究

　　　　　　　　　　　　　　/    复旦大学新闻学院    张大伟    中国教育出版传媒股份有限公司    黄 强

隐性知识显性化：编辑专业发展的有效路径    /    东北师范大学出版社    张恰

大学出版社版权贸易管窥    /    大连海事大学出版社    陆梅

试论出版人的文化自觉——以张元济等编辑出版家为例    /    华中师范大学出版社    范军

## 第六届 (2016 年)

**中华优秀出版物图书奖名单**

决战崛起——中国超算强国之路    /    国防科技大学出版社

高思在云：中国兴起与全球秩序重组    /    中国人民大学出版社

喀什高台民居    /    东南大学出版社

何镜堂传    /    人民出版社、华南理工大学出版社

秦简牍合集（4卷）　　/　　武汉大学出版社

古代埃及象形文字文献译注（上中下册）　　/　　东北师范大学出版社

变革性实践与中国基础教育的未来发展　　/　　教育科学出版社

关学文库·关学文献整理系列（26种33册）　　/　　西北大学出版社

航空发动机多学科设计优化　　/　　北京航空航天大学出版社

中国"金钉子"：中国全球年代地层单位界线层型剖面和点位研究　　/　　浙江大学出版社

中国海洋鱼类　　/　　中国海洋大学出版社

结构动力学及其在航天工程中的应用　　/　　中国科学技术大学出版社

**中华优秀出版物图书提名奖名单**

做最好的党员：向焦裕禄同志学习　　/　　华中科技大学出版社

伟大的民族英雄：毛泽东与抗日战争　　/　　湘潭大学出版社

远东国际军事法庭庭审记录·中国部分（12卷）　　/　　上海交通大学出版社

当代中国土地制度史（上下册）　　/　　东北财经大学出版社

中国经济发展：理论 实践 趋势　　/　　南京大学出版社

朝鲜通信使文献选编（5册）　　/　　复旦大学出版社

家人父子——由人伦探访明清之际士大夫的生活世界　　/　　北京大学出版社

中国文字发展史（5卷）　　/　　华东师范大学出版社

问题中的哲学　　/　　北京师范大学出版社

新编满族大辞典　　/　　辽宁大学出版社

中西哲学比较研究史（上下卷）　　/　　南京大学出版社

汉字源流精解字典　　/　　人民教育出版社

中国民间泥彩塑集成（10卷）　　/　　陕西师范大学出版社

旋转电机第三功能——基于旋转电磁效应的机电热换能器　　/　　哈尔滨工业大学出版社

把成功作为信仰：航天工程质量管理　　/　　首都经济贸易大学出版社

历代《清明上河图》——城市与建筑　　/　　同济大学出版社

中国科学技术通史（5卷）　　/　　上海交通大学出版社

中国典型城市环境地质图集　　/　　中国地质大学出版社

嫦娥揽月　　/　　清华大学出版社

现代呼吸病学　　/　　复旦大学出版社

心脏起搏器：起搏、除颤及再同步治疗　　/　　中国协和医科大学出版社

血管生物学（第2版）　　/　　北京大学医学出版社

**中华优秀出版物音像电子游戏出版物奖名单**

中华诗韵　　/　　人民教育电子音像出版社

东方主战场　　/　　中央教育科学研究所音像出版社、中国国际电视总公司

造物的智慧——中国传统器具原理与设计　　/　　人民教育电子音像出版社

百名院士专家讲科普　　/　　中央广播电视大学音像出版社

**中华优秀出版物音像电子游戏出版物提名奖名单**

健康的青春最飞扬——青少年中医药科普系列微课程　　/　　上海复旦大学电子音像出版社

校园足球（跨媒体 3D 版）　　/　　人民教育电子音像出版社

农民工适应性培训资源包——融入城市　　/　　中国石油大学音像电子出版社

UG NX 6.0 注塑模具设计情境教程（第二版）　　/　　大连理工大学电子音像出版社

**中华优秀出版物（出版科研论文）奖名单**

向欧美同行学习学术图书制作的细节　　/　　重庆大学出版社　雷少波

媒体融合下的编辑策划：内涵、模式及其对编辑实践的影响　　/　　上海外语教育出版社有限公司　张宏

我国科学阅读类图书出版的前瞻性分析　　/　　教育科学出版社　马明辉

互联网时代教育出版新模式的思考与实践　　/　　高等教育出版社　林金安

对农家书屋工程后续建设中宣传工作的思考　　/　　兰州大学出版社　魏春玲　雷鸿昌

# 国家图书奖

## 第 1 届（1993 年）

**图书奖**

东晋门阀政治　　/　　北京大学出版社

**提名奖**

国际私法　　/　　武汉大学出版社

离心叶轮内流理论基础　　/　　浙江大学出版社

## 第 2 届（1995 年）

**荣誉奖**

学术论著自选集（共 21 卷）　　/　　首都师范大学出版社

**图书奖**

刑法学原理（共 3 卷）　　/　　中国人民大学出版社

**提名奖**

魏晋南北朝隋唐史三论　　/　　武汉大学出版社

哲学的憧憬——《形而上学》的沉思    /    吉林大学出版社

抗日战争史丛书（共 20 卷）    /    广西师范大学大学出版社

高分子科学中的 Monte Carle 方法    /    复旦大学出版社

火电厂热系统节能理论    /    西安交通大学出版社

宽束电子光学    /    北京理工大学出版社

## 第 3 届（1997 年）

### 图书奖

西方经济发展思想史（修订本）    /    武汉大学出版社

复杂系统中的电磁波    /    复旦大学出版社

### 提名奖

中国煤岩学图鉴    /    中国矿业大学出版社

手的修复与再造    /    上海医科大学出版社

中国文学简史    /    北京大学出版社

河南新文学大系    /    河南大学出版社

## 第 4 届（1999 年）

### 荣誉奖

全宋诗（72 册）    /    北京大学出版社

### 图书奖

亚里士多德全集（10 卷）    /    中国人民大学出版社

比较法研究    /    北京大学出版社

蔡元培年谱长编（4 卷）    /    人民教育出版社

### 提名奖

走出疑古时代（修订本）    /    辽宁大学出版社

明慧宝镜    /    内蒙古大学出版社

## 第 5 届（2001 年）

应用心理学书系    /    人民教育出版社

中国文学史    /    高等教育出版社

应用心理学书系　　/　　人民教育出版社

**提名奖**

中国思想史　　/　　复旦大学出版社

朱子哲学研究　　/　　华东师范大学出版社

二十一世纪新材料丛书　　/　　天津大学出版社

粉末注射成形流变学　　/　　中南大学出版社

教育经济研究丛书（第一辑 5 册）　　/　　北京师范大学出版社

十三经注疏（整理本）　　/　　北京大学出版社

北京图书馆藏龙门石窟造像题记拓本全编　　/　　广西师范大学出版社

### 第 6 届（2003 年）

中国佛教哲学要义　　/　　中国人民大学出版社

比较刑法原理——外国刑法学总论　　/　　武汉大学出版社

二十世纪现代汉语语法"八大家"丛书　　/　　东北师范大学出版社

文明消失的现代启悟　　/　　内蒙古大学出版社

教育科学分支学科丛书（15 卷）　　/　　人民教育出版社

**提名奖**

中国经济思想通史（修订本）　　/　　北京大学出版社

物权法研究　　/　　中国人民大学出版社

中国古代四大发明——源流 外传及世界影响　　/　　中国科学技术大学出版社

**特别奖**

中华民族的脊梁——记战斗在抗击"非典"第一线的人们　　/　　苏州大学出版社

春天的希望 北方交通大学抗击非典纪实　　/　　北方交通大学出版社

共赴时艰——中国农业大学抗击非典纪实　　/　　中国农业大学出版社

严重急性呼吸综合征影像学读片指南　　/　　清华大学出版社

公共危机启示录——对 SARS 的多维审视　　/　　中国人民大学出版社

## 中国图书奖

### 第 1 届（1986 年）

跳过程与粒子系统　　/　　北京师范大学出版社

佛教哲学（荣誉奖）　　/　　中国人民大学出版社

## 第 2 届（1987 年）

毛泽东思想与中国文化传统　　/　　厦门大学出版社
科学认识论与方法论　　/　　清华大学出版社

## 第 3 届（1988 年）

中国园林建筑　　/　　清华大学出版社

## 第 4 届（1990 年）

朱生豪传　　/　　上海外语教育出版社
心理学大辞典　　/　　北京师范大学出版社
中国营养丛书（7 本）　　/　　北京师范大学出版社
长江经济开发战略　　/　　华中理工大学出版社

## 第 5 届（1991 年）

孔子评传　　/　　南京大学出版社
胡同及其他 社会语言学的探索　　/　　北京语言文化大学出版社
断裂动力学引论　　/　　北京理工大学出版社

## 第 6 届（1992 年）

中国文化在启蒙的英国　　/　　上海外语教育出版社
科学技术哲学引论—科技时代的自然辩证法　　/　　中国人民大学出版社
时间序列分析的工程应用（上下）　　/　　华中理工大学出版社

## 第 7 届（1993 年）

西索简明汉外系列词典　　/　　上海外语教育出版社
中国敦煌学史　　/　　北京语言文化大学出版社
复合材料中的边界元法　　/　　西北工业大学出版社
华北南部的逆冲推覆、伸展、滑覆与重力滑动构造　　/　　中国矿业大学出版社
股票债券全书　　/　　北京理工大学出版社
中日消费者保护制度比较研究　　/　　辽宁大学出版社
农业经济系统分析　　/　　华中理工大学出版社

## 第 8 届（1994 年）

中国东部煤田推覆、滑脱构造与找煤研究　　/　　中国矿业大学出版社

超音速燃烧与超音速燃烧冲压发动机　　/　　西北工业大学出版社

选择性分子间引力和集团结构适应性　　/　　杭州大学出版社

中国读书大辞典　　/　　南京大学出版社

走向市场经济丛书　　/　　中国人民大学出版社

英语口语教程　　/　　外语教学与研究出版社

计算固体物理学　　/　　武汉大学出版社

神经网络的应用与实现　　/　　西安电子科技大学出版社

宽束电子光学　　/　　北京理工大学出版社

航空发动机典型故障分析　　/　　北京航空航天大学出版社

现代肿瘤学　　/　　上海医科大学出版社

经典和量子约束及其对称性质　　/　　北京工业大学出版社

中国的主旋律——改革与发展　　/　　辽宁大学出版社

非线性经济学的理论与方法　　/　　四川大学出版社

汉英大辞典　　/　　上海交通大学出版社

颗粒间相互作用与细粒浮选　　/　　中南大学出版社


## 第 9 届（1995 年）

中学百科全书　　/　　北京师范大学出版社、东北师范大学出版社、华东师范大学出版社

系统模糊决策理论与应用　　/　　大连理工大学出版社

税利分流研究　　/　　厦门大学出版社

波涌灌溉试验研究与应用　　/　　西北工业大学出版社

中国实学思想史　　/　　首都师范大学出版社

中国高煤级煤的显微岩石学特征及结构演化　　/　　中国矿业大学出版社

现代新儒学研究丛书　　/　　辽宁大学出版社

中国城市史纲　　/　　四川大学出版社

认知科学与广义进化论　　/　　清华大学出版社

岩石冲击动力学　　/　　中南工业大学出版社

话真假　　/　　西安交通大学出版社


## 第 10 届（1996 年）

现代汉语学习词典　　/　　上海外语教育出版社

亚太地区经济发展多元化研究　　/　　北京师范大学出版社

电磁理论中的并矢格林函数　　/　　武汉大学出版社

弹性力学求解新体系　　/　　大连理工大学出版社

膜分子生物学　　/　　厦门大学出版社

非洲通史　/　华东师范大学出版社

汉英词典（修订版）　/　外语教学与研究出版社

加聚反应微观动力学　/　吉林大学出版社

鱼雷制导规律及命中精度　/　西北工业大学出版社

中国煤矿通风安全工程图集　/　中国矿业大学出版社

元典文化　/　河南大学出版社

手的修复与再造　/　上海医科大学出版社

西藏高原森林生态研究　/　辽宁大学出版社

现代西方经济学　/　复旦大学出版社

宋文纪事　/　四川大学出版社

损伤力学　/　华中理工大学出版社


## 第 11 届（1998 年）

西方法学史（中青年法学文库之一）　/　中国政法大学出版社

民族学通论　/　中央民族大学出版社

经济学　/　中国人民大学出版社

资本经营　/　西南财经大学出版社

模糊逻辑与神经网络——理论研究与探索　/　北京航空航天大学出版社

英汉计算机技术大辞典　/　上海交通大学出版社

线性系统理论　/　哈尔滨工业大学出版社

广义大系统的分散控制与鲁棒控制　/　西北工业大学出版社

大型地基基础工程技术　/　浙江大学出版社

科海漫游丛书　/　北京师范大学出版社

血管生物学　/　北京医科大学、中国协和医科大学联合出版社

眼外伤学　/　河南医科大学出版社

世界绘画邮票鉴赏大图典　/　广西师范大学出版社

英国复兴时期文学史　/　外语教学与研究出版社

中古文学理论范畴　/　河北大学出版社

汉语语法学　/　东北师范大学出版社

韩愈全集校注　/　四川大学出版社


## 第 12 届（2000 年）

中华法制文明的演进　/　中国政法大学出版社

经济犯罪新论　/　武汉大学出版社

中国 21 世纪知识经济系列丛书　/　浙江大学出版社

城市经济学　/　东北财经大学出版社

人力资源管理　/　中国人民大学出版社

中华民族多元一体格局（修订本）　/　中央民族大学出版社

新世纪英语用法大辞典（缩印本）　/　上海外语教育出版社

最新英语短语动词词典　/　外语教学与研究出版社

科学家爷爷谈科学　/　广西师范大学出版社

计算机科学技术百科全书　/　清华大学出版社

混沌科学丛书　/　东北师范大学出版社

贝尔实验室——现代高科技的摇篮　/　河北大学出版社

黑洞的热性质与时空奇异性——零曲面附近的量子效应　/　北京师范大学出版社

设备故障诊断手册——机械设备状态监测和故障诊断　/　西安交通大学出版社

痛疼诊断治疗学　/　河南医科大学出版社

唐代美学史　/　陕西师范大学出版社

## 第 13 届（2002 年）

中国马克思主义理论的丰碑——中国共产党三代领导集体对马克思主义的发展　/　南京大学出版社

社会法原论　/　中国政法大学出版社

入世与中国利用外资和海外投资　/　对外经济贸易大学出版社

国际投资争端仲裁——"解决投资争端国际中心"机制研究　/　复旦大学出版社

经济学原理（上、下册）　/　生活·读书·新知三联书店、北京大学出版社

管理科学文库（四册）　/　中国人民大学出版社

中国当代中青年经济学家论著文库（十册）　/　首都经济贸易大学出版社

经济与快乐　/　东北财经大学出版社

当代中国心理学　/　人民教育出版社

黄河传　/　河北大学出版社

学科教育学大系（十九册）　/　首都师范大学出版社

世界课程改革趋势研究（上、中、下）　/　北京师范大学出版社

中国小学英语学习词典（英汉对照）　/　外语教学与研究出版社

中国工程院院士（共二卷）　/　高等教育出版社

扬州文化丛书（八册）　/　苏州大学出版社

启功书画集　/　文物出版社、北京师范大学出版社

酸沉降临界负荷及其应用　/　清华大学出版社

冷固结球团直接还原　/　中南大学出版社

中国北方草地植物根系　/　吉林大学出版社

植物有性生殖实验研究四十年　/　武汉大学出版社

高科技知识读本　/　国防科技大学出版社

黑洞物理学　/　湖南师范大学出版社

现代数学手册（五卷）　/　华中科技大学出版社

稳定性的数学理论及应用　/　华中师范大学出版社

裂纹端部场　/　西安交通大学出版社

## 第 14 届（2004 年）

非典时期　非常感动　/　广东高等教育出版社

中国农业保险与农村社会保障制度研究　/　首都经济贸易大学出版社

集体经济背景下的乡村治理：河南南街、山东向高、甘肃方家泉村村治实证研究

　　　　　　　　　　　　　　　　　　　　/　华中师范大学出版社

透视中国东南：文化经济的整合研究（上、下）　/　厦门大学出版社

西部大开发与全面提高劳动者素质　/　东北财经大学出版社

法治：理念与制度　/　中国政法大学出版社

民法总则研究　/　中国人民大学出版社

20 世纪西方哲学东渐史（十二册）　/　首都师范大学出版社

伊斯兰教与北京清真寺文化　/　中央民族大学出版社

蒙古民族通史（五卷六册）　/　内蒙古大学出版社

晚明史(1573—1644 年)(上、下卷)　/　复旦大学出版社

林则徐在新疆丛书（四册）　/　新疆大学出版社

高密度光盘数据存储　/　清华大学出版社

中国民居建筑（上、中、下）　/　华南理工大学出版社

剑桥流水：英伦学术游记　/　河北大学出版社

舰船隐身技术　/　哈尔滨工程大学出版社

嵌入原子方法理论及其在材料科学中的应用——原子尺度材料设计理论　/　湖南大学出版社

化学抑尘　/　中南大学出版社

城市环境创造：景观与环境设施设计　/　天津大学出版社

消化系统疾病电子内镜图谱　/　北京大学医学出版社

小儿内科学（上、下册）　/　郑州大学出版社

基因组：人种自传 23 章　/　北京理工大学出版社

走近新科技丛书（五册）　/　江西高校出版社

高等燃烧学　/　浙江大学出版社

陡山沱期生物群：早期动物辐射前夕的生命　/　中国科技大学出版社

中国纹样史　/　高等教育出版社

幼儿认知发展与教育　/　北京师范大学出版社

中国姓氏：群体遗传和人口分布　/　华东师范大学出版社

课程与教学哲学　/　人民教育出版社

汉英航空发动机工程技术词典　/　西北工业大学出版社

美国哈佛大学哈佛燕京图书馆藏中文善本汇刊（三十七册）　/　广西师范大学出版社、商务印书馆

# 会员单位获奖情况

## 全国文化体制改革先进单位（2012年）

北京大学出版社

## 中国出版政府奖先进出版单位获奖名单

### 第一届（2007年）

清华大学出版社
中国人民大学出版社
广西师范大学出版社
高等教育出版社

### 第二届（2010年）

北京大学出版社
北京师范大学出版社
上海外语教育出版社
西南师范大学出版社
人民教育出版社

### 第三届（2013年）

上海交通大学出版社
外语教学与研究出版社
北京师范大学出版集团
教育科学出版社

### 第四届（2016年）

华东师范大学出版社
浙江大学出版社
中国人民大学出版社
清华大学出版社
北京师范大学出版集团
江西高校出版社

## 全国百佳图书出版单位获奖名单

（2009年8月 排名按拼音排序）

| | |
|---|---|
| 北京大学出版社 | 上海外语教育出版社 |
| 北京大学医学出版社 | 外语教学与研究出版社 |
| 北京师范大学出版社 | 西安交通大学出版社 |
| 北京语言大学出版社 | 西南师范大学出版社 |
| 重庆大学出版社 | 厦门大学出版社 |
| 东北财经大学出版社 | 浙江大学出版社 |
| 复旦大学出版社 | 中国矿业大学出版社 |
| 湖南师范大学出版 | 中国人民大学出版社 |
| 华东师范大学出版社 | 中国人民公安大学出版社 |
| 清华大学出版社 | 中国政法大学出版社 |

## 全国优秀出版社获奖名单（1993-1998年）

| | |
|---|---|
| 北京大学出版社 | 清华大学出版社 |
| 外语教学与研究出版社 | 武汉大学出版社 |

## 先进高校出版社（1995年）

北京大学出版社
清华大学出版社
外教学与研究出版社
北京航空航天大学出版社
吉林大学出版社
西安交通大学出版社
南京大学出版社
上海外语教育出版社
上海交通大学出版社
华东师范大学出版社
中国政法大学出版社
西南财经大学出版社
广东高教出版社
武汉大学出版社
广西师范大学出版社
国防科技大学出版社
北京医科大学、中国协和医科大学联合出版社

# 会员个人荣获各种奖项情况（排名顺序不分先后）

## 全国文化体制改革先进个人（2012年）

贺耀敏　　中国人民大学出版社

杨　耕　　北京师范大学出版社

## 中国出版政府奖优秀出版人物（优秀编辑）获奖者名单

### 第一届（2007年）

陆银道　　北京大学医学出版社

李朋义　　外语教学与研究出版社

周安平　　西南师范大学出版社

### 第二届（2010年）

贺耀敏　　中国人民大学出版社

杨　耕　　北京师范大学出版社

戚德祥　　北京语言大学出版社

朱杰人　　华东师范大学出版社有限公司

贺圣遂　　复旦大学出版社有限公司

郝诗仙　　中国科技大学出版社有限责任公司

张增顺　　高等教育出版社

### 第三届（2013年）

王明舟　　北京大学出版社有限公司

徐华东　　大连海事大学出版社有限责任公司

庄智象　　上海外语教育出版社有限公司

杨　祥　　高等教育出版社有限公司

朱赢椿　　南京师范大学出版社

### 第四届（2016年）

金英伟　　大连理工大学出版社有限公司

卢家明　　华南理工大学出版社有限公司

饶帮华　　重庆大学出版社有限公司

刘佩英　　上海交通大学出版社有限公司

## 中宣部全国宣传文化系统"四个一批"人才获得者名单

### 2009年全国宣传文化系统"四个一批"人才

王明舟　　北京大学出版社

贺耀敏　　中国人民大学出版社

于春迟　　外语教学与研究出版社

方红星　　东北财经大学出版社

李家强　　清华大学出版社

王　岳　　人民教育出版社

尹　洪　　高等教育出版社

李　东　　教育科学出版社

戚德祥　　北京语言大学出版社

## 2015 年全国宣传文化系统"四个一批"人才

| 宗俊峰 | 清华大学出版社 |
| 张　健 | 北京语言大学出版社 |
| 王志刚 | 人民教育出版社 |
| 李永强 | 中国人民大学出版社 |
| 吕建生 | 北京师范大学出版集团 |

## 中国韬奋出版奖获奖者名单

### 第一届（1987 年）

皇甫束玉　高等教育出版社

### 第六届（1997 年）

于国华　　高等教育出版社

### 第十届（2008 年）

| 吴培华 | 苏州大学出版社 |
| 周蔚华 | 中国人民大学出版社 |
| 贺圣遂 | 复旦大学出版社 |

### 第十一届（2011 年）

王明舟　　北京大学出版社

### 第十二届（2014 年）

| 杨　耕 | 北京师范大学出版集团 |
| 苏雨恒 | 高等教育出版社 |
| 殷忠民 | 人民教育出版社 |
| 蔡剑峰 | 外语教学与研究出版社 |
| 贺耀敏 | 中国人民大学出版社 |
| 韩建民 | 上海交通大学出版社 |

## 全国百佳出版工作者获得者名单

### 首届（1996 年）

| 彭松建 | 北京大学出版社 |
| 王民阜 | 清华大学出版社 |
| 熊成乾 | 中国人民大学出版社 |
| 莫久愚 | 内蒙古大学出版社 |
| 刘子贵 | 吉林大学出版社 |
| 胡升华 | 中国科技大学出版社 |
| 党玉敏 | 广西师范大学出版社 |

### 第二届（1998 年）

| 李朋义 | 外语教学与研究出版社 |
| 郝诗仙 | 中国科技大学出版社 |
| 刘爱松 | 武汉大学出版社 |

### 第三届（2000 年）

| 王　霁 | 中国人民大学出版社 |
| 陈永生 | 中国协和医科大学出版社 |
| 贾国祥 | 东北师范大学出版社 |
| 江建名 | 中国科技大学出版社 |
| 熊玉莲 | 武汉大学出版社 |
| 肖启明 | 广西师范大学出版社 |

### 第四届（2003 年）

| 陆银道 | 北京医科大学出版社 |
| 蔡鸿程 | 清华大学出版社 |
| 庄智象 | 上海外语教育出版社 |
| 魏国栋 | 人民教育出版社 |
| 蔡剑锋 | 外语教学与研究出版社 |

段　维　　华中师范大学出版社

王建周　　广西师范大学出版社

于春迟　　外语教学与研究出版社

王　星　　辽宁师范大学出版社

刘瑞琳　　广西师范大学出版社

### 第五届（2005 年）

高若海　　复旦大学出版社

罗时嘉　　中国矿业大学出版社

陈晓嘉　　浙江大学出版社

范　军　　华中师范大学出版社

周安平　　西南师范大学出版社

吴艳玲　　电子科技大学出版社

张　宏　　上海外语教育出版社

李小娟　　黑龙江大学出版社

杨秦予　　郑州大学出版社

金英伟　　大连理工大学出版社

郝诗仙　　中国科学技术大学出版社

饶帮华　　重庆大学出版社

刘立德　　人民教育出版社

苏雨恒　　高等教育出版社

## 全国新闻出版行业领军人才获得者名单

### 第三批（2012 年）

#### 业务类

孙　晶　　复旦大学出版社有限公司

朱赢椿　　南京师范大学出版社有限责任公司

林金安　　高等教育出版社有限公司

韩建民　　上海交通大学出版社有限公司

雷鸿昌　　兰州大学出版社有限责任公司

魏运华　　人民教育出版社有限公司

#### 经营管理类

王　焰　　华东师范大学出版社有限公司

王志刚　　人民教育出版社有限公司

龙　杰　　高等教育出版社有限公司

米加德　　西南师范大学出版社有限公司

张黎明　　北京大学出版社有限公司

戚德祥　　北京语言大学出版社有限公司

蔡　翔　　中国传媒大学出版社

蔡剑峰　　外语教学与研究出版社有限责任公司

### 第一批（2007 年）

方红星　　东北财经大学出版社

缪宏才　　华东师范大学出版社

庄智象　　上海外语教育出版社

吴培华　　苏州大学出版社

范　军　　华中师范大学出版社

刘爱松　　武汉大学出版社

肖启明　　广西师范大学出版社

周蔚华　　中国人民大学出版社

杨　耕　　北京师范大学出版社

吴　向　　高等教育出版社

王　岳　　人民教育出版社

### 第二批（2010 年）

王明舟　　北京大学出版社

贺耀敏　　中国人民大学出版社

第四批（2014年）

业务类

王雅红　　武汉大学出版社有限责任公司

朱移山　　合肥工业大学出版社有限责任公司

张　健　　北京语言大学出版社有限公司

李　东　　教育科学出版社

陈晓阳　　重庆大学出版社

经营管理类

王凤廷　　北京大学医学出版社有限公司

刘广汉　　广西师范大学出版社集团有限公司

阳　晓　　西南交大出版社有限公司

李永强　　中国人民大学出版社

学术类

陈灿华　　中南大学出版社


第五批（2016年）

宗俊峰　　清华大学出版社有限公司

吕建生　　北京师范大学出版集团

金鑫荣　　南京大学出版社

袁亚春　　浙江大学出版社

刘东风　　陕西师范大学出版总社

汤　悦　　高等教育出版社有限公司

贾瑞武　　高等教育出版社有限公司

黄　强　　人民教育出版社有限公司

韦志榕　　人民教育出版社有限公司

赵占良　　人民教育出版社有限公司

王　芳　　外语教学与研究出版社有限责任公司

李艳辉　　北京师范大学出版集团

徐华东　　大连海事大学出版社有限责任公司

骆玉安　　郑州大学出版社有限公司

崔　明　　兰州大学出版社有限责任公司

刘运峰　　南开大学出版社

雷　鸣　　湖南大学出版社

于良春　　山东大学出版社


## 在改革开放中为出版事业做出突出贡献的从业人员（2009年）

彭松建　　北京大学出版社

闫菜荣　　人民教育出版社


## 中国百名优秀出版企业家获得者名单（2009年）

贺耀敏　　中国人民大学出版社

戚德祥　　北京语言大学出版社

杨　耕　　北京师范大学出版社

于春迟　　外语教学与研究出版社

庄智象　　上海外语教育出版社

朱杰人　　华东师范大学出版社

贺圣遂　　复旦大学出版社

李志军　　人民教育出版社

所广一　　教育科学出版社


## 获得"百名有突出贡献的新闻出版专业技术人员"名单（2009年）

周蔚华　　中国人民大学出版社

周安平　　西南师范大学出版社

徐启平　　东南大学出版社

| 袁喜生 | 河南大学出版社 | 周玉波 | 湖南师范大学出版社 |
|---|---|---|---|
| 刘瑞琳 | 广西师范大学出版社 | 周安平 | 西南师范大学出版社 |
| | | 周蔚华 | 中国人民大学出版社 |

## 高校出版人物奖获奖名单

| | | 所广一 | 教育科学出版社 |
|---|---|---|---|
| | | 林 全 | 西安交通大学出版社 |

### 首届（2010 年）

| 于春迟 | 外语教学与研究出版社 | 罗时嘉 | 中国矿业大学出版社 |
|---|---|---|---|
| 马小泉 | 河南大学出版社 | 范 军 | 华中师范大学出版社 |
| 方红星 | 东北财经大学出版社 | 姜新祺 | 华中科技大学出版社 |
| 王 焰 | 华东师范大学出版社 | 施惟达 | 云南大学出版社 |
| 王建周 | 广西师范大学出版社 | 段 维 | 华中师范大学出版社 |
| 左 健 | 南京大学出版社 | 贺圣遂 | 复旦大学出版社 |
| 刘 军 | 对外经济贸易大学出版社 | 郝诗仙 | 中国科学技术大学出版社 |
| 刘 志 | 中国人民大学出版社 | 莫久愚 | 内蒙古大学出版社 |
| 刘子贵 | 吉林大学出版社 | 贾国祥 | 东北师范大学出版社 |
| 刘爱松 | 武汉大学出版社 | 蔡剑峰 | 外语教学与研究出版社 |
| 庄智象 | 上海外语教育出版社 | 蔡鸿程 | 清华大学出版社 |
| 严 凯 | 上海外语教育出版社 | | |

### 第二届（2011 年）

| 吴艳玲 | 电子科技大学出版社 | 马朝阳 | 北京师范大学出版社 |
|---|---|---|---|
| 吴培华 | 苏州大学出版社 | 王 星 | 辽宁师范大学出版社 |
| 张天蔚 | 上海交通大学出版社 | 卢先和 | 清华大学出版社 |
| 张文定 | 北京大学出版社 | 何 皓 | 武汉大学出版社 |
| 张其友 | 北京师范大学出版社 | 张黎明 | 北京大学出版社 |
| 张鸽盛 | 重庆大学出版社 | 李 东 | 教育科学出版社 |
| 张增顺 | 高等教育出版社 | 李永强 | 中国人民大学出版社 |
| 杜荣根 | 复旦大学出版社 | 杨志坚 | 北京理工大学出版社 |
| 汪春林 | 中国农业大学出版社 | 金鑫荣 | 南京大学出版社 |
| 陆银道 | 北京大学医学出版社 | 徐秀芝 | 外语教学与研究出版社 |
| 陈晓嘉 | 浙江大学出版社 | 钱德生 | 上海外语教育出版社 |
| 陈福郎 | 厦门大学出版社 | 高 敏 | 苏州大学出版社 |

| 高哲峰 | 中国科学技术大学出版社 |
| 黄菊英 | 哈尔滨工业大学出版社 |
| 富 明 | 第四军医大学出版社 |
| 焦 微 | 华中科技大学出版社 |
| 董晋骞 | 辽宁大学出版社 |
| 蒋东明 | 厦门大学出版社 |
| 韩建民 | 上海交通大学出版社 |
| 雷 鸣 | 湖南大学出版社 |

## 第三届（2013年）

| 马 来 | 西北大学出版社 |
| 马 新 | 山东大学出版社 |
| 米加德 | 西南师范大学出版社 |
| 毕研林 | 中国大学出版社协会 |
| 李 飞 | 北京体育大学出版社 |
| 李 华 | 复旦大学出版社 |
| 李艳文 | 哈尔滨工业大学出版社 |
| 宋文艳 | 厦门大学出版社 |
| 张 健 | 北京语言大学出版社 |
| 张新建 | 东南大学出版社 |
| 范晓虹 | 外语教学与研究出版社 |
| 岳凤翔 | 中国大学出版社协会 |
| 金娟萍 | 北京大学出版社 |
| 周永坤 | 云南大学出版社 |
| 孟 超 | 中国人民大学出版社 |
| 赵 莳 | 北京大学医学出版社 |
| 耿曙生 | 苏州大学出版社 |
| 葛余敏 | 中国人民公安大学出版社 |
| 傅 强 | 浙江大学出版社 |
| 路庆良 | 中国石油大学出版社 |

| 窦瀚修 | 立信会计出版社 |
| 薛志红 | 南京大学出版社 |

## 第四届（2015年）

| 支文军 | 同济大学出版社 |
| 王凤廷 | 北京大学医学出版社 |
| 叶 子 | 北京师范大学出版社 |
| 李新田 | 吉林大学出版社 |
| 郭蜀燕 | 成都电子科技大学出版社 |
| 崔 明 | 兰州大学出版社 |
| 张永彬 | 复旦大学出版社 |
| 张凤珠 | 北京大学出版社 |
| 袁亚春 | 浙江大学出版社 |
| 张晶义 | 教育科学出版社 |
| 赵中平 | 北京语言大学出版社 |
| 刘传志 | 对外经济贸易大学出版社 |
| 徐 莉 | 中国人民大学出版社 |
| 柏子康 | 重庆大学出版社 |
| 华春荣 | 上海交通大学教育出版社 |
| 阎志坚 | 高等教育出版社 |
| 尹继荣 | 哈尔滨工业大学出版社 |
| 张苏明 | 中国农业大学出版社 |
| 杨 军 | 西北工业大学出版社 |
| 李 由 | 湖南大学出版社 |
| 浑燕珍 | 中国大学出版社协会 |

# 03 | 会员单位
形象展示

# 北京大学出版社
## Peking University Press

北京大学出版社的前身可以追溯到1902年设立的京师大学堂译书局和编书处，1979年恢复建制。北京大学出版社是一家以人文社会科学为主的综合性大学出版社，秉持"为教学科研服务、为人才培养服务、为社会和经济发展服务"的出版理念，坚持"传播知识，积累文化，繁荣学术，服务社会"的办社宗旨，依靠北京大学雄厚的教学科研力量，同时积极争取国内外专家学者的合作支持，出版了一大批高水平的高等教育教材、教学参考书和学术著作。

经过近四十年的发展，北京大学出版社已成为国内具有重要影响力和良好声誉的大学出版社，获各种出版物奖项2200余项，其中国家级奖项50项，省部级奖项799项。2017年，北京大学出版社出版新书约1400种，重印书2900余种次，码洋过8亿。

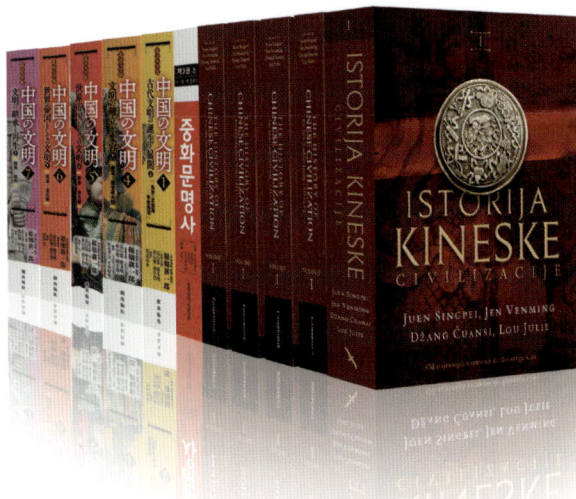

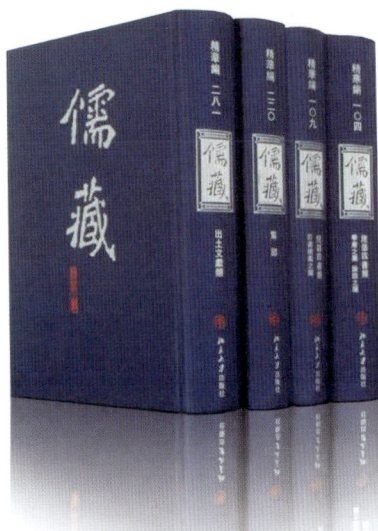

[上] 北京大学出版社荣获全国优秀出版社、中国出版政府奖先进出版单位、全国百佳图书出版单位、全国文化体制改革工作先进单位、新闻出版"走出去"先进单位、国家文化出口重点企业等称号。

[下左]《中华文明史》塞尔维亚文版、英文版、韩文版、日文版。

[下右] "十三五"国家重点图书出版规划项目、国家出版基金资助项目——《儒藏》（精华编）。

# 北京大学医学出版社
## Peking University Medical Press

北京大学医学出版社(以下简称"北大医学社")成立于1989年，是国家一级出版社，全国百佳图书出版单位。建社以来，北大医学社始终坚持"为医、教、研服务"的办社宗旨和"学术为本，教材优先"的出版理念，走专、精、特的发展道路。28年来，北大医学社出版图书近5000种，发行量近5000万册，承担"十五"至"十三五"国家重点图书和教材项目500多项，80余种图书获国家级、省部级奖项，其中36种图书获得国家级图书奖。

依托北大医学平台的学科与专家资源优势，结合版权贸易对图书选题结构的优化，北大医学社打造了结构合理、学科特色鲜明的医学专著、译著的出版体系，在多个医学学科领域形成了出版优势，赢得了学界专家学者的赞誉和广大读者的认可。经过多年的耕耘，北大医学社不断整合优质医学教育资源，逐步形成了特色鲜明的医学教育出版板块，覆盖了医学及相关学科的长学制、本科及职业教育领域，成为国内优秀医学教育资源的研发与出版基地。

［上左］"十二五"普通高等教育本科国家级规划教材、中国高等教育学会医学教育专业委员会规划教材。

［上右］国家出版基金项目、"十三五"国家重点出版物出版规划项目："心血管疾病规范化防治——从指南到实践"丛书。

［下左］麻醉学经典教科书：《米勒麻醉学》第8版。

［下中］国家出版基金项目："泌尿外科学"跨媒体工程项目。

［下右］第六届中华优秀出版物获奖图书：《血管生物学》第2版。

# 北京工业大学出版社

北京工业大学出版社是一家由北京市教育委员会主管，北京工业大学主办的市属高校出版企业。

北京工业大学出版社始终贯彻大学出版社的办社宗旨，坚持为教学和科研服务，为社会主义精神文明建设服务的方向，立足高校，面向社会，出版的内容涉及大中专教材、学术专著、科技与科普、社科与外语、计算机及文化教育类图书，共出版图书近6000种，累计发行2000万册以上。其中的优质图书获得了"中国图书奖""国家教委学术著作奖""北京市优秀图书奖"和"全国高校出版社优秀畅销书奖"等近120项奖项。出版的一批实用类科技图书和工具书，深受社会各界的好评，在全国产生了一定的影响，为国家的经济建设、科技、教育发展和出版事业的繁荣做出了贡献。此外，北京工业大学出版社先后两次被中宣部和国家新闻出版广电总局授予"全国良好出版社"的荣誉称号。

2010年1月，北京工业大学出版社被北京市新闻出版局和北京市人力资源和社会保障局联合评授为"2009年度北京市新闻出版和版权工作先进集体"。

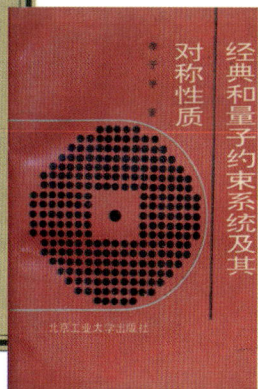

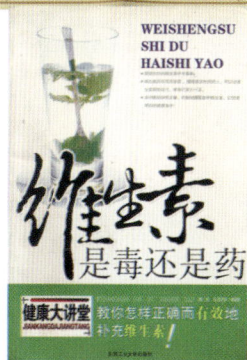

# 北京航空航天大学出版社
## Beihang University Press

北京航空航天大学出版社成立于1985年，主管部门为中华人民共和国工业和信息化部，是一家以出版科技与教育图书为主的综合性出版社，曾被评为"全国教材管理先进集体"，被表彰为"先进高校出版社"，连续多年被新闻出版主管部门评为"全国良好出版社"。建社以来，有数百种图书获得省部级以上的奖励。

北京航空航天大学出版社以"为教育科研和人才培养服务，为科教兴国战略服务，传播知识繁荣学术"为宗旨，坚持"立足本校、面向全国、服务社会"的办社方针，坚持为航空航天事业和国防科学技术发展服务，始终保持良好声誉，取得了较好的社会效益和经济效益。北京航空航天大学出版社以航空航天与国防科技等领域学术专著与教材、理工类教材、嵌入式系统图书以及航空航天科普图书为主要出版方向，形成了一定的品牌特色和资源优势，并在此基础上开创适应不同市场需求的多元化出版方向。十八大以来，出版社切实加强图书出版意识形态的管理，认真落实意识形态工作责任制，认真贯彻党的出版方针和政策，坚持正确的舆论导向，坚持社会主义的出版方向。面向未来，北京航空航天大学出版社将继续走"专、精、特、新"的发展之路，努力实现建设特色突出、效益良好、机智灵活的国内一流大学出版社的发展目标。

《航空发动机多学科设计优化》2016年获第六届中华优秀出版物奖（图书奖）

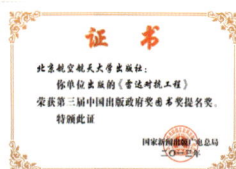

《雷达对抗工程》2013年获第三届中国出版政府奖图书奖提名奖

"十二五"期间出版的部分工信部规划教材

单片机与嵌入式系统精品图书

"十二五"期间出版的部分工信部规划专著

《飞机全书》2016年获第四届中国科普作家协会优秀科普作品奖（图书奖）

# 北京理工大学出版社

## Beijing Institute of Technology Press

北京理工大学出版社
BEIJING INSTITUTE OF TECHNOLOGY PRESS

北京理工大学出版社创建于1985年，由中华人民共和国工业和信息化部主管，北京理工大学主办。北京理工大学出版社秉承"德以明理、学以精工"的校训，以"科技传播、文化传承"为使命，注重为国家信息化、工业化、国防现代化提供学术沉淀和智力支持，矢志不移地为我国国防现代化和两化深度融合服务。

北京理工大学出版社围绕北京理工大学"强地、扬信、拓天"的学科发展路径规划，优化出版布局，服务于"科技强军""科技强国"。国防科技和汽车科技领域学术出版国内领先。《智能作战机器人》《现代兵器火力系统》《新能源汽车关键技术》《航空航天科技出版工程》《空间科学与技术》等丛书科技理论水平先进、生产力转化效益明显，助力我国两化深度融合，推动国防科技现代化的发展。出版社在科技出版领域具有良好的品牌美誉度、影响力和示范性。

北京理工大学出版社一直以弘扬科学精神、普及科学知识、传播科学思想和科学方法为己任，始终坚持正确的出版方向，强化管理、优化产品、精耕细作、突出特色、打造精品；在工信部所属高校出版社中，出版能力和经营规模均排名第一，综合实力位居中国大学出版社前列，连年入选"中国图书海外馆藏影响力100强"出版机构。

[上]北京理工大学出版社的图书荣获国家科技进步奖、中华优秀出版物奖、"原动力"中国原创动漫出版扶持计划扶持项目、中国文化艺术政府奖第二届动漫奖等奖项。

[下左]北京理工大学出版社与施普林格·自然集团战略合作框架协议签约仪式。

[下右]北京理工大学出版社《航空航天科技出版工程》新书发布会，杜善义院士和叶培建院士共同为新书揭幕。

# 北京师范大学出版社
## Beijing Normal University Press

北京师范大学出版集团
BEIJING NORMAL UNIVERSITY PUBLISHING GROUP
北京师范大学出版社

　　北京师范大学出版社是北京师范大学出版集团的核心企业，成立于1980年，是以教育出版为主体、以专业出版和大众出版为两翼的综合性出版社。30多年来，北京师范大学出版社始终坚持"传播科学真理，促进教育创新""弘扬中华文化，共享世界文明"的出版理念，出版图书万余种，发行量达15亿册，出口图书近千种，百余种图书获得国家级、省部级奖，积累了丰富的出版资源，形成了知名的图书品牌，在中国出版界、教育界、学术界享有盛誉。

　　依托百年名校——北京师范大学的学科和学术优势，北京师范大学出版社以优质教育资源的集成、开发、提供和服务为宗旨，以图书结构转型为突破口，不断提升核心竞争力，形成了结构合理、特色鲜明的终身教育出版框架，涵盖学前教育、基础教育、职业教育、高等教育、教师教育等领域，成为国内优质教育资源的研发基地与出版基地。

[上] 北京师范大学出版社荣获中国出版政府奖先进出版单位、全国文化体制改革先进单位、全国百佳图书出版单位、首都文化企业三十强等称号，入选首批出版融合发展重点实验室名单。

[下左]《当代中国马克思主义研究》"元代古籍集成""当代学者视野中的马克思主义哲学""爱思唯尔科学哲学手册""当代哲学经典""国际儿童阅读研究丛书"等多种图书入选"国家出版基金资助项目"等国家重点出版工程。

[下右] 2015年，北京师范大学出版社与约旦阿克拉姆出版社合资成立北京师范大学出版社约旦分社。

# 北京体育大学出版社
## Beijing Sport University Press

北京体育大学出版社
BEIJING SPORT UNIVERSITY PRESS

北京体育大学出版社是我国专业体育出版社之一，以出版优质体育图书和音像电子产品而闻名。

北京体育大学出版社出版体育专著、体育教材、中国传统体育、竞技体育、休闲体育、棋牌、养生保健、书法、音乐、实用生活等几大类图书和音像电子产品。30多年来累计出版图书品种达4000余种，为全国的体育、书法、音乐方面的爱好者和学生提供了丰富的精神食粮。在十多年的时间里，打造了以《中国体育博士文丛》《体育基金课题文丛》为代表的系列体育专著，出版品种、涉及专业范围等项指标均居全国首位；在高等教育公共体育教材的市场占有率上也稳居全国首位。

"读体大书，走健康路"，本着不断为增强人民体质而服务的宗旨，出版社出版的图书得到了国家体育总局、国家新闻出版广电总局、北京市及北京奥运城市促进会等领导机关的表彰和奖励。24式太极拳多媒体光盘荣获"莫比斯多媒体光盘国际大奖赛"中国推荐委员会推荐奖。1995年出版社被原国家新闻出版总署评为"全国良好出版社"。

北京体育大学出版社坚持为学校教学、训练科研服务，为推广全民健身计划服务，取得了显著的社会效益和经济效益，受到了新闻出版广电总局有关领导的多次好评及广大读者的欢迎。

[上] 北京体育大学出版社有多个出版项目获得不同奖项。

[中] 北京体育大学出版社出版的《中国奥运冠军录》汇聚四届奥运会中中华奥运健儿夺冠精彩瞬间，是体育人向祖国奉献的一份厚礼。

[下] 北京体育大学出版社以优质的工作获得多个专题出版项目；《北京2008奥运会总结报告》《北京2008年残奥会总结报告》等被国际奥委会收藏。

# 北京邮电大学出版社
## Beijing University of Posts and Telecommunications Press

北京邮电大学出版社有限公司
BEIJING UNIVERSITY OF POSTS AND TELECOMMUNICATIONS PRESS Co.,Ltd.

　　北京邮电大学出版社成立于1987年，是教育部主管的全国重点大学出版社。北京邮电大学出版社始终坚持"为学校教学科研服务，为教育行业服务，为信息产业服务，为社会读者服务的指导思想，将社会效益放在首位，走基于教育的专业出版之路"。在发展战略上，出版社紧紧依靠学校的学科优势、师资（作者）优势、教学优势、成果优势，打造信息通信、信息科技专业品牌图书和精品教材。

　　经过30年的发展，北京邮电大学出版社已形成一定的生产规模和鲜明的出版特色，截止目前已累计出版各类图书5000余种，其中获得国家级、省部级奖项图书数百种，信息通信等体现北京邮电大学出版社特色的专著、教材、普及类图书占总出版量的70%以上，逐步形成了以大学本科教材为主体，以研究生教材、应用性本科教材和高职高专教材为补充的出版架构，形成了高、中、低不同层次的教材系列，在信息与电子学科出版领域有着广泛影响。

[左上]《宽带天线与天线阵列》获第三届中国出版政府奖图书奖提名奖。
[左中]《基于H.264的视频编/解码与控制技术》获第四届中华优秀出版物奖图书提名奖。
[左下]《宽带移动通信系统的网络自组织（SON）技术》获第五届中华优秀出版物奖图书奖。
[右上]国家出版基金项目启动会，暨"十二五"国家重点图书出版规划项目研讨会。
[右下]北京邮电大学出版社领导班子和中层管理人员合影。

# 北京语言大学出版社
## Beijing Language and Culture University Press

北京语言大学出版社（以下简称"北语社"）成立于1985年，拥有图书、音像、电子、期刊和互联网五大出版权，并融合研发、培训于一体，是中国唯一一家国际汉语教学与研究专业出版社。北语社以出版国际汉语教材、中国少数民族汉语教材、外语图书、外向型中华文化出版物等为主要特色，迄今已出版图书5000余种，产品遍布世界各地，以出版的国际汉语教材种类最多、使用范围最广、读者评价最高而成为中国国际汉语教材出版的领军企业。近年来，北语社积极响应国家"一带一路"倡议和中国文化"走出去"战略，开展了实物出口、版权贸易、合作出版、资本输出等多种形式的"走出去"工作，年实物出口额占全国总量的30%以上，年版权输出量在全国出版行业中名列前茅。2011年，北语社在美国芝加哥注册成立北美分社，这是我国大学出版社在海外建立的第一家分支机构，成立仅5年便实现了盈利。北语社凭借卓越的海外拓展业绩，成为中国出版"走出去"的明星单位。

北语社坚定走专业化、特色化发展道路，坚持以精品化、数字化为出版特色，拥有国际汉语教材、中国少数民族汉语教材和外语图书三大优势出版领域，并积极开拓外向型文化出版领域，创办高水平学术期刊——《国际汉语教学研究》，同时率先在行业内开展数字出版转型。北语社通过内容营销、培训营销与新媒体营销相结合的方式，建立了覆盖全球的海外营销渠道和完备的国内营销网络，努力建设成为一流的国际型、专业化出版社。

[上] 北京语言大学出版社荣获全国百佳图书出版单位、中国新闻出版"走出去"先进单位、中国图书对外推广计划单位、国家文化出口重点企业、全国首批数字出版转型示范单位等称号。

[下左] 北京语言大学出版社研发出版国际汉语类产品3000余种，出版资源占有量世界第一，承担国家各级各类重大项目百余个，获得国家级、省部级奖励百余项。

[下右] 北京语言大学出版社构建了立体化海外营销渠道网络，拥有海外代理经销商376家，海外直销客户839个，产品远销178个国家和地区。

# 北京交通大学出版社
## Beijing Jiaotong University Press

北京交通大学出版社成立于2001年，是一个由教育部主管、北京交通大学主办的中央级出版社，于2003年正式生产运营，2005年8月增设音像出版权，2006年4月增设电子出版权，2010年完成体制改革，2014年3月增设网络出版权。

北京交通大学出版社初创时就确定了"人员高素质、图书高品位、生产高质量"的"三高"战略，始终坚持"为学校的教学、科研和学科建设服务，为国家教育事业的发展、实施科教兴国战略服务，为弘扬社会主义先进文化服务"的办社宗旨。

**国家出版基金资助项目**

▶ 中国动画史(上)(下)

▶ 中华诗歌手语经典诵

▶ 中国桥梁技术史·古代篇

▶ 国家产业安全理论与预警机制(上)

▶ 国家产业安全理论与预警机制(下)

▶ 轨道交通宽带移动通信系统理论与关键技术

▶ 贸易投资新规则与中国自由
贸易试验区制度创新

《中华诗歌手语经典诵》荣获
第五届中华优秀出版物奖音像出版物奖

**国家新闻出版改革发展项目库入库项目**

2016 — 2017年
数字出版"创新技术"奖项

北京交通大学出版社数字出版"ISLI国际标准应用规范 —— 基于媒体融合的 M⁺Book"项目为国家新闻出版改革发展项目库入库项目，被《中国新闻出版报》专版报道，变内容提供商为服务提供商，其中自主研发的"数字出版3D引擎"获得了2016—2017年度数字出版创新技术奖，成为出版业媒体融合发展的开拓者。

# 对外经济贸易大学出版社

## University of International Business and Economics Press

对外经济贸易大学出版社为教育部主管的全国重点大学出版社，经过30多年的建设和发展，对外经济贸易大学出版社在编辑、出版、发行能力和管理水平等综合实力方面取得了长足的进展，具有图书、电子、音像、数字等多元出版能力，发行网点遍布全国，现已发展成为一个规模适度、在广大读者中有着良好信誉和影响力的大学出版社。

对外经济贸易大学出版社形成了以国际经济贸易、国际金融、商务外语、工商管理、法律及其他人文社科类专业教材、学术专著和培训教材、普及读物为主的产品体系，开发了一批国家级、省部级精品教材或重点规划项目，出版的近百种图书获得了中国图书奖、省部级以及其他级的优秀教材奖和学术著作奖、优秀畅销书奖等奖项。

[上] 获批国家出版基金项目、国家级规划教材、"211"工程建设项目、"十二五"重点图书规划项目等图书。
[下左] 纪念中国加入世贸组织十周年新书发布会。
[下右] 博鳌亚洲论坛年度报告发布会。

# 清华大学出版社
## Tsinghua University Press

　　1980年，清华大学出版社乘着改革开放的春风成立，随同我国新闻出版业一起发展。特别是自20世纪90年代以后，一路高歌猛进，呈现出一派欣欣向荣的景象。37年来，清华大学出版社始终坚持为教学科研服务、为两个文明建设服务、为科教兴国战略服务、为普及和提高全民族的文化与科学素质服务的办社宗旨，依托清华大学的综合优势，秉承"传播先进文化、推动社会进步"的出版理念，以优良的出版质量与服务质量吸引高端作者，出版了一系列高水平的专著与教材，奠定了高品位的出版基调，形成了鲜明的品牌特色。清华大学出版社坚持全面深化改革，以集团化建设为契机，加快推进传统出版和新兴出版的融合发展，各项经营指标逐年稳步增长，以分社为主的各专业出版领域协同并进，呈现出良好发展态势；数字出版平台建设特色凸显,功能不断完善；"走出去"工作卓有成效，作为"中国图书对外推广计划"成员单位，迄今已有500余项10个文种的各类图书版权输出到北美、欧洲和亚洲国家，另有300余项图书的中文繁体字版在中国港、澳、台地区出版发行。通过与多家国际著名出版公司的合作，清华大学出版社外文版学术著作、期刊以及教育和专业图书已销往全世界，进入了国际学术界和教育界的视野。清华大学出版社两次获评中国出版政府奖先进出版单位以及全国百佳图书出版单位、中国版权最具影响力企业、中国图书世界影响力百强出版单位；入选国家新闻出版广电总局数字出版转型示范单位，多种图书、期刊获得重大奖项，取得良好的社会效益与经济效益，在业界树立了鲜明的清华特色品牌，具有广泛的影响力。

[上] 清华大学出版社荣获首届中国出版政府奖先进出版单位、全国百佳图书出版单位、中国版权最具影响力企业等众多奖项。
[下左] 2017年，北京国际图书博览会上宗俊峰社长出席清华大学出版社与Royal Collins集团的童书出版合作签约仪式。
[下右] 2017年，清华大学出版社党委书记兼董事长李勇为第四届"纳米研究奖"得主中国科学院院士、中国科技大学谢毅教授颁奖。

# 首都师范大学出版社
## Capital Normal University Press

首都师范大学出版社
CAPITAL NORMAL UNIVERSITY PRESS

　　首都师范大学出版社成立于1985年，是以出版学术专著和教育图书为主的高等师范院校出版社，已出版学术专著、译著、教材、教学参考书、教学工具书、通俗理论读物等图书8000余种。

　　首都师范大学出版社坚持"高品位的学术专著和高质量的普教精品"两手抓的方针，在已有北京市基础教育教材基础上，拓展了素质教育、高等教育师资培训、对外汉语等大专教材及小学教师本科教育等教材，在市场和读者中产生了突出的品牌效应。

　　首都师范大学出版社认真执行党和国家关于新闻出版方面的方针政策及相关法律法规，曾两次荣获国家新闻出版广电总局颁发的"全国优秀出版社"荣誉称号；多次获得"全国高校出版社教材出版先进单位""中国书刊发行行业双优单位"等荣誉称号；获得北京市新闻出版广电局颁发的"先进集体"荣誉称号。首都师范大学出版社出版了"西方哲学东渐史丛书""国学备览""书林守望丛书"（"十一五"重点图书）、"北京社科名家20世纪文库"等多套优秀社科类图书。先后获得第九、十三、十四届中国图书奖，北京市第二届出版物优秀图书奖，全国教育图书展优秀专著图书奖，第一届"三个一百"原创图书出版工程奖，第四届北京市优秀科普作品奖优秀奖，全国高校出版社优秀畅销书奖，中国大学出版社首届优秀学术著作奖二等奖等，获奖图书200余种。

　　党的十八大以来，首都师范大学出版社认真贯彻习近平总书记系列重要讲话精神和治国理政新理念新思想新战略，按照出版行业新要求，不断探索，形成科学有效的管理体制和充满活力、竞争力的运行机制；不断提高经营管理的科学性和有效性，力求社会效益和经济效益双丰收，为党的出版和教育事业做出更大贡献。

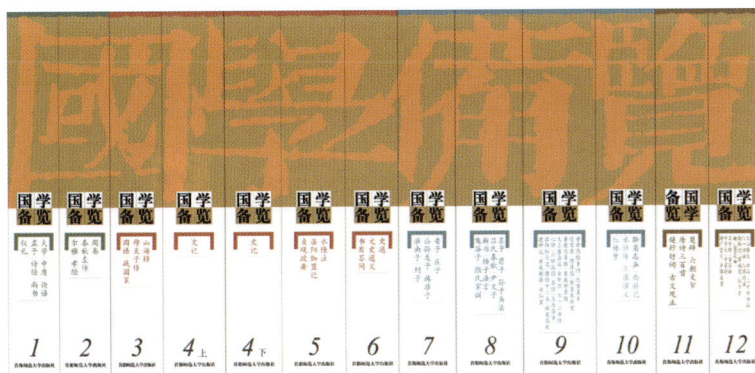

# 外语教学与研究出版社

## Foreign Language Teaching and Research Press

外语教学与研究出版社
FOREIGN LANGUAGE TEACHING AND RESEARCH PRESS

外语教学与研究出版社（以下简称外研社）由北京外国语大学于 1979 年创办，是一家以外语出版为特色，涵盖全学科出版、汉语出版、科学出版、少儿出版等领域的综合性教育出版集团，也是全国规模最大的大学出版社、最大的专业外语出版机构，出版图书万余种，涵盖 65 个语种，被称为"英语图书市场上真正意义的产业领导者"。外研社出版的《许国璋英语》《新概念英语》《书虫》等已成为广大英语学习者心目中的经典品牌，畅销数十年。

外研社始终心怀"记载人类文明、沟通世界文化"的不变理想和责任，坚持以高品质的知识创造和文化传播引领读者、服务教学、推动科研。作为"最中国的国际出版社，最国际的中国出版社"，外研社以语言为桥梁，积极实践"引进来、走出去"之路，引进国外优秀教育资源，同时也向世界介绍中国。30 多年来，外研社先后荣获"国家文化出口重点企业""国家一级出版社""全国优秀出版社""首都文化企业三十强"等荣誉，跻身"全国文化企业 30 强"提名单位。

[左上] 2011 年，外研社承办被称作国际应用语言学界"奥运会"的 AILA 大会，这是 AILA 大会第一次在中国举办。

[右上] 2015 年，外研社与英国牛津布鲁克斯大学共同创办的"牛津布鲁克斯大学孔子学院"揭牌仪式在牛津成功举办，这标志着全球首家由出版机构与国外大学直接合作共建、同时也是首家具出版特色的孔子学院的成立。

[左] 2017 年 3 月 1 日，外研社"中国主题编辑部"在保加利亚东西方出版社正式挂牌成立。

# 中国农业大学出版社
## China Agricultural University Press

中国农业大学出版社成立于 1985 年，是教育部主管、中国农业大学主办的中央级重点大学出版社，是教育部教材出版基地。2012 年 12 月中国农业大学出版社正式由经营性文化事业单位转制为有限责任公司。

中国农业大学出版社成立以来，始终坚持为农业教育、科研和生产服务的办社宗旨，出版的"面向 21 世纪课程教材"、普通高等教育"十一五""十二五"国家级规划教材、国家重点图书出版规划、国家重大出版工程项目图书、国家出版基金项目图书等一大批农业领域高质量、高水平的学术专著和译著，以及国家级规划教材和农业科技图书，为推动农业教育改革和发展、农业科技进步、农民增收做出了重要贡献。几百种图书先后荣获"第二届中国出版政府奖图书奖""97 全国农村青年最喜爱的科普读物""中国大学出版社协会优秀教材、优秀学术著作、优秀畅销书"等；150 余个品种被中共中央宣传部、农业部和国家新闻出版广电总局推荐为"三农"优秀图书。

[上] 中国农业大学出版社荣获第二届中国出版政府奖图书奖，以及全国新闻出版行业服务社会主义新农村建设出版发行先进集体、全国农业科普先进集体、服务新农村建设先进集体、新闻出版（版权）工作先进集体等荣誉称号。

[下左] 2013 年 10 月 23 日，中国农业大学出版社承担的国家出版基金项目"现代农业高新技术成果丛书"通过基金办组织的结题验收，达到优秀标准。专家组对出版社为保障项目顺利运行制订的有关管理规定和采取的有效措施给予高度评价。

[下右] 2014 年，中国农业大学出版社数字化转型升级项目建设获得文化产业发展专项资金支持。2016 年，中国农业大学出版社数字化转型升级项目顺利通过验收。

# 中国人民大学出版社
## China Renmin University Press

中国人民大学出版社（以下简称人大社）成立于1955年，是中华人民共和国成立后建立的第一家大学出版社，1982年被教育部确定为全国高等学校文科教材出版中心，2007年获首届中国出版政府奖先进出版单位奖，2009年获首届全国百佳图书出版单位荣誉称号，2017年再度获中国出版政府奖先进出版单位奖，是中国最重要的高校教材和学术著作出版基地之一。

人大社始终秉承"出教材学术精品，育人文社科英才"的出版理念，实施精品战略，以优秀的出版物传播先进文化，建社60多年来已累计出书25000余种，出版了一大批具有文明传播、文化累积价值的优秀教材和学术著作。新世纪以来，人大社的优秀出版物获得省部级以上奖项500多项，是荣获国家级奖项最多的出版社之一。作为集图书、音像、电子、网络和数字出版物等跨媒体经营的大型综合性出版社，人大社已成为我国哲学社会科学出版的重镇和旗舰。

多年来，人大社致力于搭建国际文化交流平台，极大推动了中外学术文化交流。以高端学术著作国际出版为特色，截至目前，人大社已累计输出图书版权近2300种，涉及27个语种，与30多个国家和地区的百余家出版机构建立了合作伙伴关系，并在以色列、罗马尼亚、蒙古设立国外分支机构，有效地推动了中国文化走出去。通过搭建国际出版平台，人大社倾力打造国家出版名片，努力讲好中国故事、传播好中国声音、阐释好中国特色，不断增强中国文化国际传播的软实力。

[上] 中国人民大学出版社是国内少数几家囊括中国图书奖、国家图书奖、"五个一工程"奖、中华优秀出版物奖、中国出版政府奖、"三个一百"原创出版工程奖等所有国家级出版奖项的出版社。

[中左] 2017年8月，由中国人民大学出版社发起，来自世界29个国家和地区的92家出版商、学术机构和专业团体共同成立"一带一路"学术出版联盟。

[中右] 2017年4月，中国人民大学出版社在第27届阿布扎比国际书展期间举办三场主宾国活动。

[下左] 2016年1月，中国人民大学出版社以色列分社揭牌仪式隆重举行，这是中国出版机构在以色列设立的第一家分社。

[下右] 2016年5月，中国人民大学出版社和罗马尼亚文化院共同创立"中国－罗马尼亚学术出版合作中心"，这是中罗两国间第一个学术出版合作平台。

# 中国政法大学出版社

China University of Political Science
and Law Press

中国政法大学出版社
China University of Political Science and Law Press

  中国政法大学出版社成立于1985年，是以法律图书出版为主体、以其他人文社会科学图书出版为补充的专业出版机构。建社30多年来，中国政法大学出版社始终坚持"传播法律思想，服务法学教育"的出版理念，秉持"为我国的法治建设以及法学教育和研究服务"的宗旨，出版图书7000余种，百余种图书获得国家级、省部级奖项，被誉为我国法律图书的重要出版基地。

  30多年来，中国政法大学出版社依托中国政法大学以及法学界的学科、学术和教师资源，形成了特色鲜明、结构合理、定位准确的图书品牌。在教材出版方面，已经初步建成了体系完整、种类齐全、层次多样、互为补充的法学教材体系，这些教材汇集了全国众多法学院校的知名专家、学者，全面反映了我国法学教育的最高水平，具有很高的权威性，被国内众多法学院校广泛采用；在学术出版方面，我们一直遵循社会效益第一的原则，排除万难打造学术精品、勇创学术品牌，目前已出版30多个大型学术系列丛书，这些丛书的出版，对我国的法学教育、法学研究和法律实践有着重要的现实意义，在法学界树立了良好的学术出版形象。

[上]中国政法大学出版社荣获全国先进高校出版社、全国良好出版社、全国教育管理先进集体、全国百佳图书出版单位等称号，出版的部分图书获得中国图书奖、金剑文化工程奖等多种奖项。
[下左]中国政法大学出版社建社三十周年主管校领导和全体员工合影。
[下右]中国政法大学出版社社长尹树东同志向学校领导汇报图书出版情况。

# 国 家 开 放 大 学 出 版 社
## OPEN UNIVERSITY OF CHINA PRESS

国家开放大学出版社成立于 1982 年 10 月，是为了适应改革开放以来蓬勃发展的广播电视教育事业发展需要而创办的一家综合性大学出版社，其前身为中央广播电视大学出版社。建社以来，在教育部等各级主管部门的领导下，在中国大学出版社协会的悉心指导和大力支持下，国家开放大学出版社从 5 万元借款、三间办公室起步，艰苦创业，不断创新，始终坚持为国家开放大学教学和科研服务的办社宗旨，立足远程教育，打造核心竞争力。经过30 多年不懈努力，逐步形成了服务开放教育、服务远程教育、服务职业教育、服务终身学习的发展格局，业务范围涵盖图书、电子和互联网出版，培训，资源服务，以及物流配送等，总体经济规模位居全国大学出版社第七名。多个项目入选"十二五""十三五"国家重点出版物出版规划、教育部职业教育国家规划教材、国家出版基金资助项目，百余种图书获得"三个一百"原创出版工程等各级各类奖项。累计为1000 多万全国电大学生和各类社会学习者提供了 7000 余种教材和大批优质学习资源，有力地支持了电大教育事业，为国家培养大量专门型人才做出了积极贡献。

近年来，国家开放大学出版社积极响应新闻出版业融合发展战略，主动应对教育出版领域数字化竞争带来的挑战，大力推进数字化转型，被确立为国家"第二批"数字出版转型示范单位、国家数字复合出版系统工程应用试点单位，组织建设的"数字化学习资源云服务平台及支撑体系建设""面向职业教育的移动学习服务运营系统"项目成功入选国家新闻出版改革发展项目库，并获财政部文化产业发展专项资金支持。开放云书院和开放云学院两大平台已经建成并发布，研发的数十种全媒体数字教材取得了良好反响。

站在新的历史起点上，国家开放大学出版社将以数字出版转型和出版传媒集团组建为契机，定好位、布好局，走内涵式发展道路，不断增强竞争力，全面提升服务能力，努力建设成为具有远程教育特色的教学资源全媒体出版、学术与资讯多元化传播、数字平台集成服务的现代化出版传媒企业。

[上左一～二] 出版社荣获教育部直属机关"先进基层党组织"、新闻出版总署"三个一百"原创出版工程等荣誉。
[上左三] "数字化学习资源云服务平台及支撑体系建设""面向职业教育的移动学习服务运营系统"项目成功入选国家新闻出版改革发展项目库，并获财政部文化产业发展专项资金支持。
[中左一] 2017 年，国内首部系统阐释中国铸造发展历程的专著、国家出版基金资助项目《中国铸造发展史（第一卷）》举办新书发布会。
[中左二～三] 出版社组织开发的"一村一名大学生计划"特色教材及与英国开放大学合作开发的英语教材。
[下左一] 2017 年，"中国传统文化教育系列丛书"在人民大会堂首发，丛书作为"十三五"阶段"一带一路"汉学国际传播课题"中华文化万里行"活动指定读本，为中国传统文化教育的开展提供了有力支撑。
[下左二] 2010 年，出版社 ERP 系统正式运行，开启数字化建设新篇章，至今已走过七年历程。
[右] 国家开放大学出版社办公大楼。

# 中央民族大学出版社
## China Minzu University Press

中央民族大学出版社成立于1985年，2013年1月6日注册改制更名为中央民族大学出版社有限责任公司，主管部门为国家民族事务委员会，主办单位为中央民族大学，是全国民族院校中唯一一家综合性大学出版社。本社坚持走"专、精、特、新"之路，立足于民族领域诸学科，注重加强专业出版和大众出版，为传承民族文化，促进学术繁荣，坚持为教学科研服务，重点出版我国少数民族政治、经济、历史、文化、法律、音乐、舞蹈、美术、语言文字、民族宗教及社会生活等相关专业教材、教学参考书、教学工具书、通俗政治理论读物、学术专著和译著，有100多种图书获得省部级以上各种嘉奖。近年来承担出版了北京市高等教育精品教材，还出版了大量"211工程"和国家"985工程"学术著作等，在国内外形成了良好的品牌影响力。

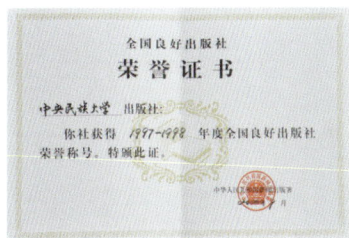

[左上] 中央民族大学出版社荣获"中国民族图书奖"部分获奖证书
[左下] 中央民族大学出版社荣获"全国高校出版社优秀畅销书""中国大学出版社图书奖优秀教材奖""中国大学出版社图书奖优秀学术著作奖"部分获奖证书
[右上] 中央民族大学出版社获得"民族团结进步模范单位"荣誉称号
[右中] 中央民族大学出版社获得"全国良好出版社"荣誉称号
[右下] 中央民族大学出版社荣获"第十二届中国图书奖"获奖证书

# 中央音乐学院出版社

## The Central Conservatory of Music Press

中央音乐学院出版社是2003年4月国家新闻出版总署（现为国家新闻出版广电总局）正式批准并于2003年12月25日成立的。学院领导对建社工作和出版社的发展高度重视，第一批书谱在建社的同时就已经问世。目前已具备年出书量上百种的能力，出版范围既有国内学者的论著，也有反映国外研究成果的译著；既有用于专业音乐教学的教科书，也有进行音乐普及教育的教材；既有中外经典名作，也有经过精选的我国中青年作曲家的新作品。

按照国家新闻出版广电总局的建社批文和教育部领导的指示，结合中央音乐学院的特点和优势，中央音乐学院出版社调动全国音乐领域老中青专家的积极性，充分挖掘各院校的创作与学术资源，实现教学、研究与出版的相互促进，在音乐出版领域开拓出一片新的沃土。我们的出版物，无论是专业性著作还是普及性读物，都具有比较高的学术质量和出版质量。我们将不断努力，使中央音乐学院出版社成为中国高等音乐教育的坚实后盾和向社会传播音乐文化的重要途径。

中央音乐学院出版社近年来出版的在中国音乐界有影响力的大型音乐史料：[上]为《江文也全集》，[下左]为《赵沨全集》，[下右]为《马思聪全集》。

# 天津大学出版社
## Tianjin University Press

天津大学出版社成立于1985年1月，是教育部首批19家转企改制试点的大学出版社之一，于2008年完成改制，现拥有图书、电子、音像、互联网出版资质和数字印刷资质。

天津大学出版社秉承"为中国高等教育和建筑、文化行业服务"的宗旨，依托天津大学的教学、科研优势，全力打造优质高等学校专业教材和精品专著，围绕城市规划、建筑设计、园林景观、建筑文化、建筑遗产保护等领域，深度打造建筑类特色图书。近年来更是看准时机，抓住历史大好机遇，把数字出版当作中长期战略规划和重点发展板块，借助一批国家级、省市级项目，带动数字出版和传统出版融合发展。

经过30余年的深耕细作，天津大学出版社形成了教材出版基础深厚，建筑类图书特色鲜明，学术出版地位凸显，传统出版与数字出版从内容到形式交叉融合、协调发展的局面。天津大学出版社共有百余种图书荣获国家级、省部级奖项，入选国家第二批数字出版转型示范单位、国家"专业数字内容资源知识服务模式"试点单位、天津市首批传统出版数字化转型示范单位，为我国高等教育教学、科研水平的提高做出了应有贡献，有力地促进了高等学校教材建设和教学科研工作的发展。

[上]天津大学出版社图书荣获首届中华优秀出版物（图书）奖、"中国最美的书"等称号，入选"三个一百"原创图书出版工程，"建筑邦"网站获出版业最具商业价值网站。
[下左]2015年10月参加第28届全国大学出版社图书订货会卓越大学出版联盟学术出版精品工程展览。
[下中]2016年4月在"2016书香天津·春季书展"阅读活动中，天津大学出版社邀请著名书法家田蕴章先生就如何提高书法水平进行专题讲座。田蕴章先生对如何练习书法及书法成功的标准进行了深入阐释。
[下右]2017年4月在"2017书香天津·春季书展"阅读活动中，天津大学出版社邀请罗斯·可胡恩博士就痴呆症的护理与应对进行专题讲座，为广大痴呆症患者及其家属提出了很多具有建设性、可操作性的建议。

# 南开大学出版社
## Nankai University Press

南开大学出版社始建于1929年，重建于1983年。已故著名数学大师陈省身、戏剧大师曹禺、物理学家吴大猷等早年均曾任职于南开大学出版社。悠久的历史和厚重的传承在当代中国大学出版社中几无可比肩者。

南开大学出版社秉承南开精神，传播先进文化，始终坚持为"科教兴国"的国家战略服务、为高等教育的教学、科研和人才培养服务，出版了一大批体现学术前沿水平，具有当代意识和前瞻眼光，饱含学术含量的名家、大家出版物，切实承担起"以文化人、以文育人"的职责，形成了自己的图书品牌和资源优势。

出版社拥有一支实力雄厚的编辑出版队伍，依托百年名校的深厚底蕴和丰富资源，以学术传承、文化传播、知识普及为宗旨，竭力为读者服务。出书范围包括人文科学、社会科学、自然科学、技术科学等诸多门类，其中尤以经济、管理、旅游、计算机、语言、文学、历史、哲学、化学、生物、物理等学科图书为重点。同时，南开大学出版社积极与一些国家和地区的出版机构在经济、管理、外语等图书领域展开合作，共同开拓巨大的国内外图书市场。

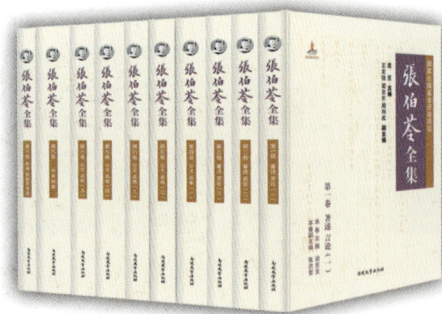

[上左]陈省身题词
[下左]《张伯苓全集》（共十卷）
[上右]《民国红学要籍汇刊》（共十一卷）
[下右]《鲁迅编辑版画丛刊》（共五卷）

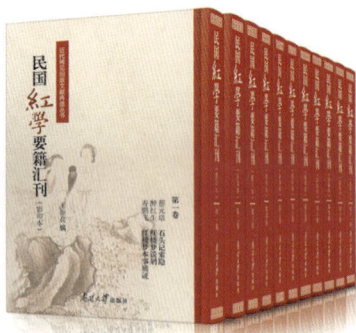

# 河北大学出版社

Hebei University Press

河北大学出版社成立于 1989 年，是由河北省教育厅主管、河北大学主办的河北省第一家高校出版社，2009 年转企改制为河北大学出版社有限责任公司。河北大学出版社是集人文社科和理工多学科出版为一体的综合性出版单位。燕赵文化之悠久的历史厚蕴、高等学府之浓厚的学术氛围、河北大学历代学子之求是精神，共同打造了河北大学出版社浓厚的文化氛围，练就了河大出版人强烈的社会人文精神。自建社以来，河北大学出版社出版各类高层次、高质量的学术专著、高校教材、工具书，高品位的文史读物和普及类读物 3800 多种。其中，具有原创性和独创性的图书分获得第十一届、第十二届、第十三届、第十四届中国图书奖，另有 81 种图书获得全国优秀畅销书奖、国家教委人文社会科学研究优秀成果奖、河北省社会科学优秀成果奖、河北省优秀畅销书奖等，累计获得各种奖项 136 项。

近年来，河北大学出版社积极开拓图书版权业务，陆续输出"大江大河传记丛书"（六册）、"中外著名科技公司传记丛书"（两册）、"科学文化之旅丛书"（两册）、"原生态中国节丛书"（两册）等图书；先后引进《欧洲大学史》（四卷）、"增进能力秘诀丛书"（四册）、《新丰田生产方式》等图书。其中特别是《欧洲大学史》是河北大学出版社独家引进中文版权、全面反映欧洲大学发展历程的一套国际教育史学界权威巨著，具有重大的学术价值。

[上]《中古文学理论范畴》获第十一届中国图书奖，《贝尔实验室——现代高科技的摇篮》获第十二届中国图书奖，《黄河传》获第十三届中国图书奖，《剑桥流水：英伦学术游记》获第十四届中国图书奖。

[下左] 2017 年 5 月，第二十七届全国图书交易博览会上"魅力雄安丛书"新书发布会。

[下右] 2017 年 5 月，社长耿金龙及《我的老师顾随先生》一书的策划编辑、责任编辑何东将新书送至作者叶嘉莹家中，并与其在书房合影。

# 内蒙古大学出版社
## Inner Mongolia University Press

内蒙古大学出版社
INNER MONGOLIA UNIVERSITY PRESS

内蒙古大学出版社成立于1985年,是一家以蒙古学、北方民族学出版为主要特色的专业出版社,年出书300多种,营业收入3000多万元,利润300多万元。

内蒙古大学出版社是全国为数不多的坚持民族文字出版的大学出版社。长期以来,在没有专项民族文字出版亏损补贴的情况下,坚持蒙古文图书出版,累计出版蒙古文高校教材和学术类图书600余种。2015年,经中共中央办公厅批准,组织翻译并与民族出版社共同署名出版习近平同志《摆脱贫困》蒙译本。

内蒙古大学出版社在出版实践中坚持正确导向,坚持高学术品位,自成立迄今出版近4000种图书,有140余种图书获国家及省部级奖励,如《明慧宝镜》获第四届国家图书奖提名奖,《文明消失的现代启悟》获第六届国家图书奖,《蒙古民族通史》获第十四届中国图书奖,《内蒙古珍宝》《鄂尔多斯史诗》分别荣获第二届中国政府出版奖图书提名奖与第四届中华优秀出版物奖图书提名奖,《原生态民俗信仰文化》被列为"首届向全国推荐百种优秀民族图书"之一,《鄂尔多斯蜜源植物》《中国北方草原古文化祭》入选国家第三届、第四届"三个一百"原创出版工程;《内蒙古外文历史文献》《内蒙古动物志》遴选为"'十二五'国家重点出版规划400种精品项目",成为"国字牌"精品图书,产生了良好的社会影响。

国家"十二五"重点出版规划400种
精品项目之一《内蒙古动物志》

《蒙古民族通史》五卷六册
荣获第十四届中国图书奖

2015年国家新闻出版广电总局向内蒙古自治区赠送出版基金成果仪式

# 燕山大学出版社
Yanshan University Press

燕山大学出版社

YANSHAN UNIVERSITY PRESS

　　燕山大学出版社成立于2011年11月，由河北省教育厅主管，燕山大学主办，是目前冀东、冀北、辽西地区唯一的出版社，图书出版范围涵盖自然科学和人文社会科学等领域的学术著作、本专科及职业院校教材、参考书、工具书、译著，也包括通俗政治理论读物、科普读物、少儿读物等。

　　燕山大学出版社秉持依托大学、服务教育、弘扬学术、传承文化的发展理念，依托大学的人才和智力优势，发挥高校知识和文化辐射作用，注重发掘本地区和周边地区优秀的学术和文化资源，致力于向国内学术文化界广大读者推送教学科研成果，向京津冀及辽西广阔地区传播精良的文化产品，逐步成长为出版质量过硬、深受作者和读者信赖、推动文化产业发展的重要出版媒介，初步形成了学术出版、优秀历史文化、古籍整理等主要出版版块，具有比较突出的专业性出版特色。

　　展望未来，燕山大学出版社将继续坚持正确的出版导向，坚守优秀的文化品位，面向国家重大需求和社会大众的阅读兴趣，密切结合数字出版的发展趋势，以工匠精神挖掘和打磨优质内容，开拓创新，奋发作为，树立口碑，塑造品牌，昌明大学之道，传播一脉书香。

[上]《国内外区域经济发展政策比较研究——兼论对河北沿海经济发展的借鉴与启示》一书，荣获第四届中国大学出版社图书奖优秀学术著作一等奖。作为国家软科学计划项目等系列课题成果，本书学术视野开阔，总体介绍与案例分析相结合，结构合理，逻辑严密，既能为学术研究提供参考，也能为政府部门科学决策提供依据，具有较高的学术价值和实践应用价值。

[下左]《中华血脉——长城文学艺术系列丛书》从七个角度讲述长城文化的各个组成部分，为青少年、长城爱好者和探险者普及长城文化知识，培养民族荣誉感、自豪感。

[下右]《大学生自我管理》本套书作者既有燕山大学的杰出校友，也有燕大的资深教授，还有长期工作在学生工作一线的辅导员，内容涵盖创新创业项目管理、学习杰出校友、借鉴名师感悟、吸取身边教训四个角度，针对大学生在校期间的日常生活管理、情绪管理、学习管理、人际关系管理编写而成，亲切易读，对于解决当前在校大学生学习生活中普遍存在的盲目、茫然状况很有意义。

# 大连海事大学出版社
## Dalian Maritime University Press

　　大连海事大学出版社于 1986 年 11 月批准成立，为交通运输部所属唯一一家大学出版社。30 余年来，出版社坚持为教学、科研服务的办社宗旨，坚定"服务大交通"的发展思路，出书品种涵盖"一带一路"、远洋运输、内河运输、航运管理、国际邮轮乘务、海事英语、海事法律、交通工程机械、物流管理、大学外语、机动车驾驶、民用航空、渔业船员培训等多个方面。技工、中职、高职、本科、研究生各个层次的教材齐备，岗位适任证书考试用培训教材齐全，法律法规、工具书、学术著作等图书品种多。

　　出版社坚持把图书质量视作生存之本，积极实施精品工程，出版了国家重点图书出版规划项目、国家出版基金资助项目、国家级规划教材、省部级重点图书出版规划项目、省部级规划教材等一大批重点图书，获得省部级以上图书奖百余项。自 2011 年以来，出版社先后有《中国海上维权法典——国际海事公约篇》等 10 个项目获得国家出版基金资助。2016 年 7 月，《中国近代航运史》获辽宁省出版精品创作生产专项扶持资金资助。2014 年以来，出版社策划出版了一系列"一带一路"主题图书。2015 年，出版社携新出版的《海上丝绸之路》画册参加美国书展中国主宾国活动，举办的活动获"优秀活动奖"。2016 年 3 月，辽宁省新闻出版广电局批准大连海事大学出版社建设辽宁省"一带一路"出版基地。2016 年 6 月，大连海事大学"一带一路"出版研究所成立，挂靠在出版社。2017 年 6 月，出版社当选辽宁省"一带一路"人文交流与语言产业校企联盟副理事长单位。2017 年 11 月出版社获国家海洋局批准设立"全国海洋文化产业示范基地"。

　　目前，出版社正在积极推进传统出版与新兴出版的融合发展。"中国海船船员 O2O 教育服务平台"项目入选 2015 年度国家新闻出版改革发展项目库，并获中央文化产业发展专项资金扶持；"'一带一路'知识服务体系与全媒体融合工程"项目入选 2017 年度国家新闻出版改革发展项目库，并获中央文化产业发展专项资金扶持。

[上左]出版社多次被评为大连政府学术专著出版资助和奖励工作先进集体。

[上中]出版社在美国书展中国主宾国活动中举办的活动获"优秀活动奖"。

[上右]徐华东社长获得第三届中国出版政府奖优秀出版人物奖、全国交通运输系统劳动模范称号，被评为"全国新闻出版行业领军人才"等。

[下左]"一带一路"主题图书精选。

[下中]国家出版基金资助的部分图书。

[下右]部分国家级规划教材。

# 大连理工大学出版社

## Dalian University of Technology Press

大连理工大学出版社
DALIAN UNIVERSITY OF TECHNOLOGY PRESS

　　大连理工大学出版社成立于 1985 年，由教育部主管、大连理工大学主办。现有员工 210 人（国家注册编辑 110 人），年出书约 2500 种，年销售码洋 3.1 亿元，利润 3000 万元。2013 年，在中国大学出版社综合实力排名中居第 12 位。近年获得省部级及以上奖励 600 余项（其中国家奖 9 项），完成国家级项目 18 项。

　　2002 年 10 月，大连理工大学出版社积极落实国家有关会议精神，在学校的支持下，按照《中华人民共和国公司法》和现代企业制度要求进行改制。历时两年，于 2005 年 3 月 5 日正式转制为大连理工大学出版社有限责任公司。这比国家部委转企改制实施方案出台还提前了两年，大连理工大学出版社由此成为中国第一个转企改制的出版社。

　　转企改制后，大连理工大学出版社创造了两个"大学社第一"：入选教育部国家级规划教材 500 余种，数量上位居大学出版社第 1 位；职业教育教材的全国市场占有率位居大学出版社第 1 位。

　　2015 年成功举办了"一带一路"大连论坛。2016 年，"基于大数据的'一带一路'文化共建共享工程"项目获财政部专项支持 700 万元。

　　2015 年，大连理工大学出版社入选国家新闻出版广电总局"数字出版转型示范单位"，是辽宁省唯一入选的出版单位。2016 年，出版社与辽宁出版集团、东软集团联合申报，入选国家新闻出版广电总局"出版融合发展重点实验室"。

　　2006 年，成立文化产业研究所。该研究所的"多活性移动代理技术"研究项目是"出版融合发展重点实验室"的标志性成果，对基于大数据的《"一带一路"沿线国家文化交流蓝皮书》的权威性起到关键性技术支撑作用。

　　大连理工大学出版社连续 6 年被评为"国家文化出口重点企业"，出版的建筑类、景观设计类、中国传统民间艺术类等图书远销 26 个国家和地区。《景观设计》杂志被评为 2015 年度中国最美期刊。

　　大连理工大学出版社将进一步深化改革，抢抓机遇，实现社会效益和经济效益的双丰收，以饱满的热情和优异的成绩迎向未来。

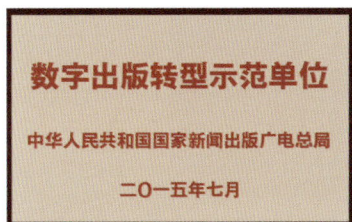

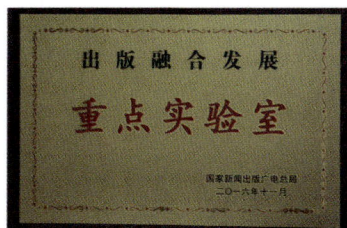

# 东北财经大学出版社

## Dongbei University of Finance & Economics Press

　　东北财经大学出版社（以下简称为东财社）成立于1985年2月，是辽宁省教育厅主管、东北财经大学主办的财经专业出版机构。30多年来，东财社始终坚持"财经专业教育"的战略定位和"专业性、开放式、国际化"的发展模式，侧重选题开发和市场开发，坚持专业化的产品、专业化的管理和专业化的人才的发展格局，以集约化的出版方式，产品质量、产品结构与产品规模并重的方针，灵活、有效的市场运作方式，出版了大量社会效益和经济效益俱佳的图书，成长为专业资源精深、品牌特色鲜明、社会影响力持久的专业出版社。2009年，东财社在原新闻出版总署组织的首次全国经营性图书出版单位等级评估中，被评为一级出版社，并被授予"全国百佳图书出版单位"荣誉称号。2010年年底，东财社获首批"全国新闻出版行业文明单位"荣誉称号。

　　东财社立足财经专业资源优势，致力于新型高等教育教材、高端学术图书以及畅销专业图书的选题开发，连续九届荣获中华优秀出版物奖（前身为中国图书奖）；87种教材入选普通高等教育"十一五"国家级规划教材，24种教材入选普通高等教育"十二五"国家级规划教材，84种教材入选教育部第一批"十二五"职业教育国家规划教材；共5次41种图书入选国家出版基金资助项目；9种图书入选"十三五"国家重点图书出版规划项目，100余种图书入选"十二五"国家重点图书出版规划项目；3种选题入选"全国高校出版社主题出版选题"。

　　从2012年起，东财社着力推进传统图书出版与新媒体技术的融合。2013年，"财经出版数字化流程再造系统工程"入选财政部文化产业发展专项资金资助项目。2015年年初，东财社启动"财经高等职业教育富媒体智能型教材开发系统工程"，方便教学双方以网络的方式接触知识、理解知识、消化知识、运用知识，激发学生的学习兴趣，最终提升学生的职业技术技能。本工程于2015年7月入选财政部文化产业发展专项资金资助项目。2014年，东财社被辽宁省新闻出版广电局列为辽宁省传统出版单位数字化转型示范单位。2015年，东财社入选"国家数字复合出版系统工程"应用试点单位。

2016年3月17日，《尚待何时？——应对气候变化的逻辑、紧迫性和前景》新书发布会在清华大学举行。左二为本书作者英国社会科学

# 辽宁师范大学出版社
## Liaoning Normal University Press

辽宁师范大学出版社成立于1994年4月，由辽宁师范大学主办，辽宁省教育厅主管，是经国家行政主管部门批准，以面向教育为主体的综合性大学出版社。辽宁师范大学出版社作为一家历经二十余年行业风雨依然健康成长、稳步发展的现代出版企业，以面向"大教育"作为出版特色与专业追求，形成了以出版基础教育教材及配套用书为主，兼顾学术专著、教育培训系列用书，同时稳步向学前教育、高等教育以及社会教育等领域拓展的明晰的图书出版结构，并具有图书、电子、音像及网络出版等全方位出版能力。

二十余年的发展历程中，辽宁师范大学出版社严把质量关口，坚持在基础教育图书、高等教育教材、学术著作等方面创精品、立品牌，不断扩大优势出版领域和特色图书的出版比重，在挖掘产品生命力和品牌建设方面做出了积极的努力和探索，百余种图书在省部级以上评奖中获奖。近年来，出版社树立精品出版战略，充分发挥高校出版社的教育优势与责任担当，努力推出更多的精品项目，在国家级重点项目申报工作中不断取得新的突破。

2014年，"出版系统数字化采编、储存及出版项目"入选2014年新闻出版改革项目库，获得2014年中央文化产业发展专项资金支持；"中小规模高校出版社发展路径研究"获得教育部人文社会科学研究规划基金项目。2015年，"青少年儿童培育和践行社会主义核心价值观媒体融合出版"入选2015年新闻出版改革项目库，获得2015年中央文化产业发展专项资金支持；《中国梦的意识形态研究》《中华优秀传统文化教育读本》入选教育部"全国高校出版社主题出版项目"；"清朝前史"丛书入选"十二五"国家重点图书、音像、电子出版物出版规划增补项目，并获得2016年度国家出版基金项目支持。2016年，"中国少数民族史诗研究著作翻译文库"、"草原丝路文明的历史见证——内陆欧亚草原东段的古代岩画遗存"入选"十三五"国家重点图书、音像、电子出版物出版规划项目。2017年，"中国少数民族史诗研究著作翻译文库"获得国家2017年度出版基金项目支持；《熊猫派派成长记》（全72册）入选"十三五"国家重点图书、音像、电子出版物出版规划增补项目。一系列成绩的取得，树立了辽宁师范大学出版社高质量、高品位、高水平的品牌形象，保持了本版图书在学术人文产品出版上的已有地位和影响。

# 东北大学出版社
## Northeastern University Press

东北大学出版社成立于1985年8月16日,是当时文化部批准成立的第一个冶金院校出版社,由教育部主管,东北大学主办,拥有图书、音像制品、数字出版物出版权。东北大学出版社始终坚持"厚德自强,创新笃行"的出版理念,依托东北大学的学术优势和人才优势,结合自身特色和地域形势,形成了自己的出版框架和特色。建社以来,出版图书7000余种,共获得省部级优秀图书奖300余项。

出版社在经营过程中,始终围绕党和国家新闻出版的政策和方向开展工作,积极做好文化产业发展基金、国家出版基金等的组织申报和实施工作。2016年,"中国矿冶企业转型升级数字化教育服务平台"通过验收,被批准纳入新闻出版改革发展项目库。2015年,获得国家出版基金1项,《江山高隐》获资助金额13万元;2016年获得国家出版基金2项,《英汉·汉英矿冶双向词典》获资助金额75万元,《中华古典诗词比兴转义大词典》获资助金额30万元;2017年获批国家出版基金1项,"东北非物质文化遗产丛书"获资助金额145万元。

东北大学出版社在图书选题优化、系列化方面取得了很大成效,出版了大量的本科、专科系列教材和规划教材。积极响应国家新闻出版广电总局和辽宁省新闻出版广电局组织的主题出版工作,巩固舆论传播阵地。这些图书在农家书屋、社区书屋、图书馆馆配等政府采购项目中获得积极评价,不但取得了良好的社会效益,经济效益也很可观。东北大学出版社将一如既往地坚持以人为本,转变观念,创新模式,提高质量,走内涵式发展道路。

[上] 东北大学出版社有限公司与中国东北振兴研究院东北振兴研究中心签署《战略合作框架协议》。

[上右] 东北大学出版社出版的"中国当代名家学术精品文库"。

[下右] 东北大学出版社为辽宁省教育厅出版的"职教中高职一体化课程标准"。

# 辽宁大学出版社
## Liaoning University Press

辽宁大学出版社
Liaoning University Press

　　辽宁大学出版社成立于1985年2月，拥有5000平方米的办公大楼和完备的仓储设施，是以社会科学、自然科学、学术著作及各类教材为基本出版范围的综合性大学出版社，系教育部职业教育与成人教育司国家职业教育教材出版基地之一，具有语文类辞书和中小学教辅材料（全科）出版资质。出版社现有员工71人。编辑人员41人，副编审以上高级职称17人，博士学位4人，硕士学位18人，是一支业务水平较高、编辑力量较强的专业出版队伍。

　　辽宁大学出版社始终坚守"出版为教学科研服务"的大学出版宗旨，立足本校，服务辽宁经济及文化发展，积极实施精品战略，打造优势品牌，逐渐形成了以经济、文史、法律、外语、计算机等图书为主体的出版特色。建社30余年来，出版社已出版各类图书8200余种，约80%的图书为教材、教辅、学术专著、工具书等，有近600种图书分别获得国家图书奖提名奖、首届中华优秀出版物奖、中华优秀出版物奖提名奖等国家及省部级图书奖项，或入选"三个一百"原创图书出版工程。

　　辽宁大学出版社具有良好的社会信誉，1995年、1998年两次被原国家新闻出版署评为全国良好出版社。1996年各项工作指标被教育部评估为优秀。2007年被确定为原新闻出版总署国家特大型重点出版工程《中华大典·军事典》的出版单位之一。2009年，被原中国出版工作者协会评为"全国百家优秀书籍设计出版单位"。

［左］2016年12月，辽宁大学出版社出版的国家出版基金项目成果《新编满族大辞典》获得第六届中华优秀出版物奖提名奖。
［右］2017年6月6日，举行国家古籍整理项目《盛京景物辑要》点校、研究会议暨沈阳故宫博物院、辽宁大学出版社战略合作签约仪式。

# 东北师范大学出版社
## Northeast Normal University Press

东北师范大学出版社成立于1983年，是教育部直属重点大学出版社之一。2001年经新闻出版总署批准又成立了东北师范大学音像出版社。出版社坚持依据国家新闻出版广电总局关于高等学校出版社出版方针、任务和出书范围的原则规定，结合东北师范大学办学方向，牢固树立"为教学科研服务，为教师教育服务，为基础教育服务"的办社宗旨，出版了一大批具有较高学术价值、受社会广大读者欢迎的优秀图书。建社30多年来，累计出书万余种，发行图书十余亿册，共有四百余种图书荣获中宣部"五个一"工程奖，第九、十、十一、十二届中国图书奖，第六届国家图书奖，第一届、第四届中国出版政府奖图书奖，第四届、第六届中华优秀出版物奖，教育部优秀学术著作奖及优秀教材奖等国家级、省部级奖项。

2012年，出版社成立东北师范大学出版科学研究所，在"产学研"一体化方面迈出了新的步伐。2013年，由出版社控股的"北京东师伟业文化传播有限公司"在北京挂牌成立，这是出版社集团化发展的重要举措。2014年，出版社成立了东师学思和东师鼎业两家独资公司。

出版社在图书出版上坚持高品位、高质量，优化选题结构，强化选题质量，在发展实践中，不断探索求证，探讨可持续发展的新思路，形成一套管理科学、结构合理的企业经营管理办法。出版社出版了大批优秀的学前教育教材、中小学教学辅导用书、职业教育教材(三百余种图书获批国家"十二五"职业教育规划教材)、大中专教材和学术专著，始终把社会效益放在首位，坚持在稳定中求发展。

2003年，第六届国家图书奖　　　2012年，第四届中华优秀出版物奖　　　2016年，第六届中华优秀出版物奖

2007年，第一届中国出版政府奖获奖图书　　　2017年，第四届中国出版政府奖获奖图书

[上]东北师范大学出版社图书荣获"五个一"工程奖、中国出版政府奖、中华优秀出版物奖、国家图书奖、中国图书奖等400多个奖项，以及数字出版重点实验室。

# 吉林大学出版社
## Jilin University Press

吉林大学出版社
Jilin University Press

　　吉林大学出版社成立于1983年，在30多年的发展创业中，始终秉承"坚持学术为本，实施精品战略"的出版理念，艰苦奋斗、文明经营。建设以来出版各类图书15000余种，400余种图书在国家和省部级各类图书评比中获奖，在全国出版业享有较高声誉。

　　依托吉林大学的综合优势，紧跟教育教学改革和科技进步的步伐，围绕以学术精品、优秀教材为龙头，逐步提高出版层次和水平，向系列化、板块化、品牌化方向发展。经过多年的打拼，吉林大学出版社逐步形成了三大优势板块：高校教材专著、青少年读物、少儿益智图书。其中成为规模的"高等教育教材"和"学术文库"两大系列，年出版品种约占年出版总量的78%，充分地体现了大学社的产品特色，产生了良好的社会影响。依托东北地域特色创造的《东北地域文化系列》涵盖了"东北民俗""高句丽研究""长白山文化""东北考古""东北史学"，等等，为东北文化的研究做出了重大贡献。《新黑马阅读》系列图书，以其宏大的规模、精良的制作，自打入市场至今，已经连续畅销10年，得到广大师生的一致认可，好评如潮。

　　在新的出版发行格局下，吉林大学出版社积极响应党的号召，深化体制改革和创新。挑战出版前沿，加强融合发展，争取把吉林大学出版社建设成综合型、学术型教育出版机构，成为中国乃至世界出版业重要的高等教育教科书和学术著作、文化工程出版基地。

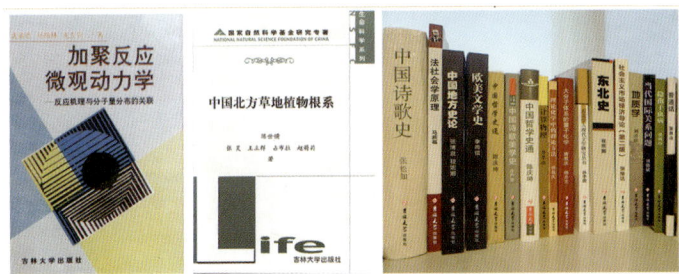

［上左］吉林大学出版社荣获第十届中国图书奖和全国教材先进集体奖。
［上右］吉林大学出版社荣获全国高校先进出版社和精神文明建设"五个一"工程奖。
［下左］荣获国家各类奖项的部分图书。
［下右］"高句丽研究系列"图书目前共出版7个类别80个品种。

# 东北林业大学出版社
## Northeast Forestry University Press

東北林業大学出版社
Northeast Forestry University Press

东北林业大学出版社成立于1985年3月，是由教育部主管、东北林业大学主办的大学出版社。

东北林业大学出版社自成立以来，始终坚持为高等学校教学和科研服务的办社方向和宗旨，秉承东北林业大学开拓进取的优良传统，依托学校丰富的学科资源优势和雄厚的师资力量及人才优势，出版了一批具有鲜明学科特色的林学、生态与环境保护、野生动植物资源保护与管理、林业机械、木材加工与利用、林业经济、农业技术等方面的优秀学术著作、中高等教材教辅及科普、应用技术类图书，逐步形成了自己的出版特色，得到了广大作者和读者们的认可。同时，东北林业大学出版社还积极与其他出版社合作，拓宽出版方向，不断出版优质图书。

［上］荣获"五个一工程"图书奖、全国高校出版社优秀畅销书奖、全国高校出版社优秀学术著作奖、国家林业局梁希林业图书期刊奖、黑龙江省精品出版工程奖的证书和奖杯。

［下］入选"十二五"国家重点出版物出版项目图书、"十三五"国家重点出版物出版项目图书、黑龙江省精品图书出版工程项目的图书。

# 哈尔滨工业大学出版社

Harbin Institute of
Technology Press

哈爾濱工業大學出版社
HARBIN INSTITUTE OF TECHNOLOGY PRESS

　　哈尔滨工业大学出版社有限公司（以下简称为"哈工大出版社"）成立于 1983 年，由工业和信息化部主管、哈尔滨工业大学主办。多年来，依托哈工大的学科、成果、人才优势，哈工大出版社培育了航天、材料、数学、土木、建筑、环境、机械、计算机、俄语等优势出版方向，承担国家"九五"至"十三五"重点图书及省部级重点图书、精品工程图书千余种，获得国家、省部级奖项 300 余项。

　　"十二五"时期以来，哈工大出版社各项工作取得了优异成绩，《空间折展机构设计》等 10 种图书获得国家级奖项；10 个系列 891 种图书入选"十二五"国家重点图书出版规划项目，8 个项目 502 种图书入选"十三五"国家重点图书出版规划项目；"航天先进技术研究与应用系列"等 8 个项目 192 种图书入选国家出版基金项目；500 余种图书和数字项目入选黑龙江省精品图书出版工程；出版社入选黑龙江省首批版权示范单位。

　　随着"互联网+"时代的到来，哈工大出版社主动适应时代需求、积极参与传统出版单位的数字化转型升级，在传统出版与新兴出版融合发展方面取得了一定的突破，4 个项目获得国家文化产业发展专项资金资助，共计 2400 万元；8 个项目入选新闻出版改革发展项目库。入选国家数字复合出版系统工程应用试点单位、专业数字内容资源知识服务模式试点单位、国家数字版权保护技术研发工程、国家数字出版"三个一百"工程、黑龙江省首批数字出版转型示范单位。国家出版行业重点推进的四大工程，哈工大出版社入选了其中三项。

　　目前，哈工大出版社正在全面推进传统出版与新兴出版的融合发展，力争将出版社办成国内外知名的大学出版社，为我国科技、文化、教育事业发展作出更大贡献。

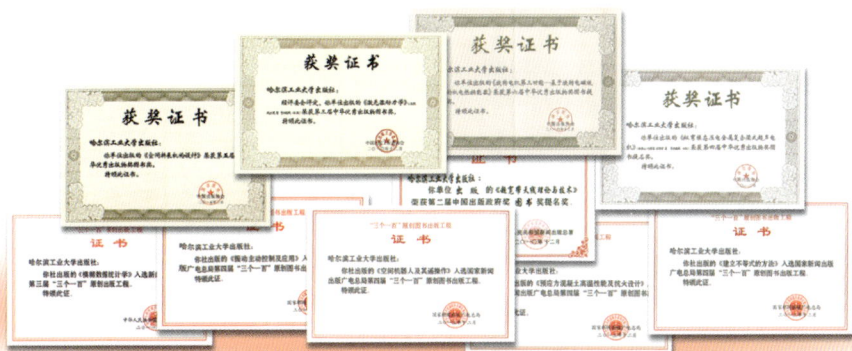

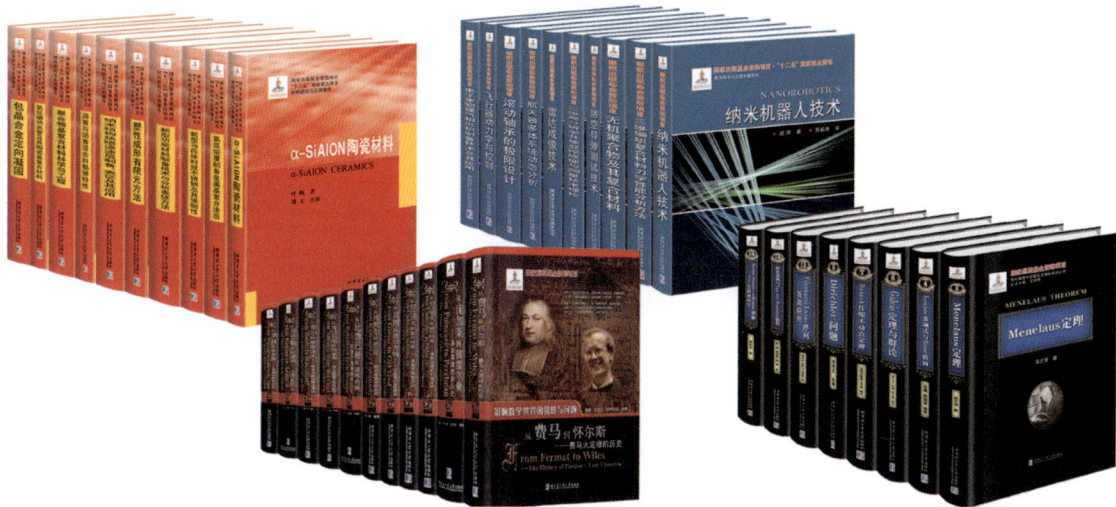

# 延边大学出版社
## Yanbian University Publishing Press

延边大学出版社成立于1986年，是一家以民族教育为主体、以专业出版和大众出版为两翼的综合性出版社。30多年来，延边大学出版社始终坚持"创立学术品牌，弘扬民族文化"的出版理念，遵循科学发展，不断整合出版资源，充分实现了大学出版社的功能定位和社会使命。

2010年，延边大学出版社完成了转企改制工作，正式成立了延边大学出版社有限责任公司。出版社根据现代企业制度的要求，成立了股东会、董事会、监事会、经理层，制定了各项规章制度，组成了较为完善的公司法人治理结构，全面进入了市场化运作阶段。公司现有2家全资子公司、1家控股公司和1家非营利性培训机构。

建社至今，延边大学出版社出版图书1万余种，累计发行量超过15亿册，500余种图书在国家级、省级组织的评奖中获得殊荣，积累了丰富的出版资源，形成了具有鲜明民族特色的大学出版社。

延边大学出版社承担着朝鲜文高校教材建设、双语教学研究、民族学术及文化传承的重要任务。依托学校学科建设和专家队伍，植根于深厚的学术沃土，出版社在教材出版、学术出版以及大众出版等领域形成了"专""精""特"的出版特色，为民族文化建设作出了不可替代的贡献。

[上]延边大学出版社有限责任公司成为中国出版协会第六届理事会理事单位，出版的多种图书获全国优秀民族图书、省内图书精品奖，出版的《中国朝鲜族女性民俗传统体育》入选了第二届向全国推荐百种优秀民族图书。

[下左]2017年，延边大学出版社有限责任公司《中国朝鲜语高等教育数字出版资源建设与全媒体投送服务系统》数字出版项目获得省发改委批复，与北大方正电子有限公司签署数字出版战略合作协议启动仪式。

[下中]2017年，延边大学出版社有限责任公司董事长安国峰在延边大学出版社第三届全国渠道工作会议上致辞。

[下右]2017年，延边大学出版社有限责任公司董事、总经理赵立才在延边大学出版社第三届全国渠道工作会议上致欢迎词。

# 山东大学出版社
## Shandong University Press

山东大学山版社
Shandong University Press

山东大学出版社1983年7月成立，由山东大学主办，教育部主管。依托山东大学文史见长和多学科综合发展的优势，强化"出精品，创名牌，树特色"的经营方针，全力打造"精、专、特"为特点的大学出版社，出版传世之作，培养本社品牌。形成了以文史类学术专著、高校教材、高等职业教育教材、基础教育教材以及各级各类培训教材为主的出版特色。

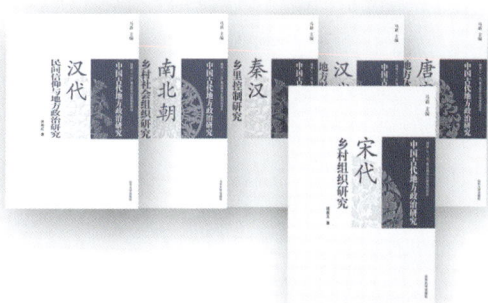

《中国古代地方政治研究》获第四届中华优秀出版物奖提名奖

《两汉全书》获第二届中国政府出版奖提名奖

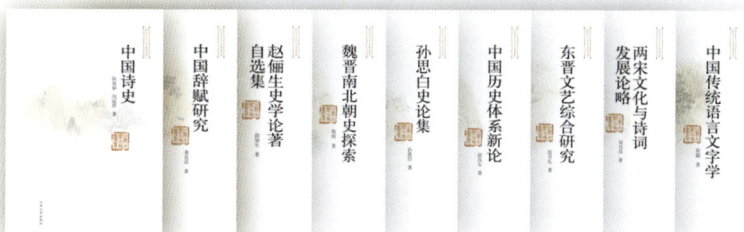

2017年4月，李克强总理视察山东大学时，翻阅了"山东大学文史书系"中的《中国诗史》和《中国辞赋研究》

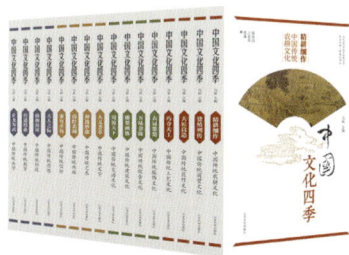

《全球化与当代中国文化发展研究丛书》获第三届中华优秀出版物奖提名奖

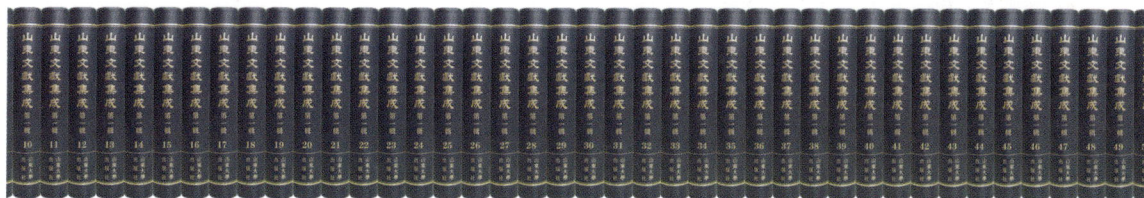

《山东文献集成》4辑，200册

# 中国海洋大学出版社

China Ocean
University Press

中国海洋大学出版社成立于1989年4月，是教育部主管、中国海洋大学主办的大学出版社，也是我国唯一的以海洋与水产科学学术专著与教材出版为特色的大学出版社。2010年7月8日，出版社完成改制，更名为中国海洋大学出版社有限公司。先后出版大学教材、学术专著等图书5000余种。近年来，海大出版社坚持"特色立社，文化引领，学术为本，教材先行"的企业发展理念，在海洋特色出版领域不断推陈出新，出版了一批社会效益经济效益、显著的高水平专著及科普图书，全力打造"中国海洋图书出版基地"的企业品牌。

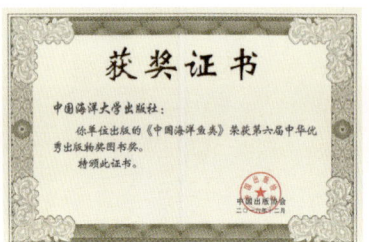

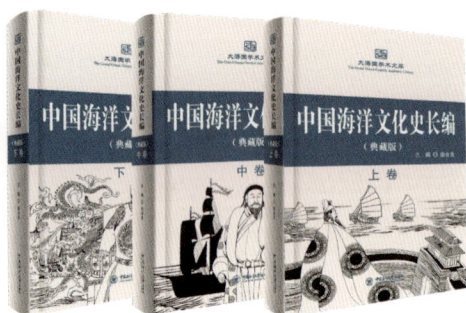

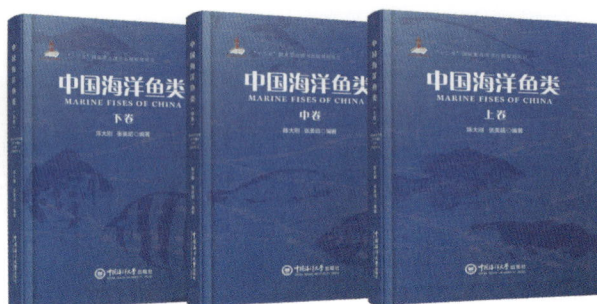

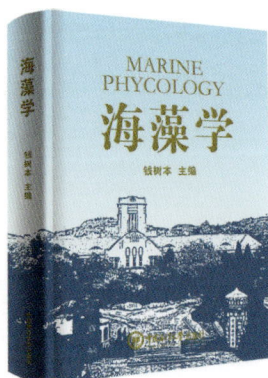

# 中国科学技术大学出版社

University of Science and Technology of
China Press

中国科学技术大学出版社
UNIVERSITY OF SCIENCE AND TECHNOLOGY OF CHINA PRESS

　　中国科学技术大学出版社创建于 1985 年，由中国科学院主管，中国科学技术大学主办，依托中国科学院、中国科学技术大学的品牌优势、人才优势和资源优势，经过 30 多年的发展，在基础科学、前沿科技和交叉科学学术著作，高校精品教材，古籍整理和少儿科普读物等方面形成了特色和优势，产生了很好的社会影响和市场效应。

　　作为一流研究型大学出版社，自建社伊始，就重视高水平学术类图书的出版，陆续出版了一大批代表国家科技创新水平的学术专著，引进出版了一批反映世界科技前沿的学术图书。其中出版国家出版基金、国家古籍整理出版专项经费以及国家重点出版物规划项目图书数百种，获得国家图书奖、中国图书奖、中宣部"五个一"工程奖、中华优秀出版物奖、中国出版政府奖等奖项近百种次。

# 安徽大学出版社
## Anhui University Press

北京师范大学出版集团
BEIJING NORMAL UNIVERSITY PUBLISHING GROUP
安徽大学出版社

安徽大学出版社成立于1995年2月，是以教育出版为主体、以学术出版和大众出版为两翼的综合性大学出版社。2009年12月，完成转企改制。2010年3月，安徽大学与北京师范大学出版集团合资重组安徽大学出版社有限责任公司。

安徽大学出版社坚持"服务教育，弘扬学术，传播知识，传承文化"的出版理念，精心布局三大出版板块，坚持突出重点，着力打造精品，陆续出版了一系列适用于高等教育系列教材以及独具特色的中小学教育教材与教辅用书，多种教材列入教育部"十二五"国家级规划教材。

安徽大学出版社注重品牌建设，出版了一系列有影响的学术著作。先后获得中国出版政府奖、中华优秀出版物奖、"三个一百"原创图书出版工程奖、迎接党的十八大重点图书、农家书屋重点出版物、中国大学出版社图书奖等；获得"十二五"国家重点图书出版规划项目12项、国家出版基金资助项目6项、国家古籍整理出版规划项目3项、经典中国国际出版工程11项；获得安徽省文化强省专项资金项目6项；获得安徽省"十二五"重点出版物出版规划增补项目13项。2014年，安徽大学出版社获批为国家社会科学基金规划项目后期资助成果出版基地，是安徽省出版界首批获批的出版社。

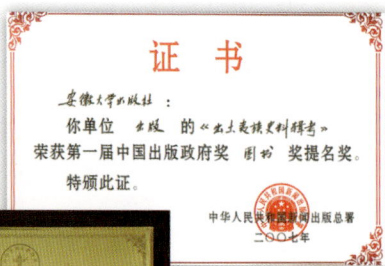

[上] 2017年11月，安徽大学匡光力校长、程雁雷副校长亲切会见北师大出版集团党委书记、董事长杨耕教授一行。
[下] 安徽大学出版社部分图书获奖证书。

# 安徽师范大学出版社

Anhui Normal University Press

安徽师范大学出版社

安徽师范大学出版社成立于2010年，是由安徽省教育厅主管、安徽师范大学主办的一家综合性学术出版机构。

截至2017年12月，安徽师范大学出版社共计出版新书四千余种。曾入选国家第一届"三个一百"原创图书出版工程、全国"百种优秀思想道德读物"、中宣部"双百工程"重点出版物、国家新闻出版广电总局首届向全国推荐中华优秀传统文化普及图书名单、国家新闻出版改革发展项目库等。先后有11种图书分别获中国大学出版社图书一、二等奖，《力冈译文全集》等三种图书获得国家出版基金资助。另外有4种87个选题入选国家、省级重点图书出版规划。

安徽师范大学出版社本着"传承文明、服务社会"的宗旨，坚持为大学教学科研服务，为地方文化建设服务，为我国出版事业的发展繁荣服务，现已初步形成了以学术著作、教育类图书和科普读物为重点的图书结构体系，已获互联网数字出版资质和全学科中小学教辅图书出版资质，以图书内容好、质量高、编校精、装帧美而在国内图书市场享有一定的盛誉。

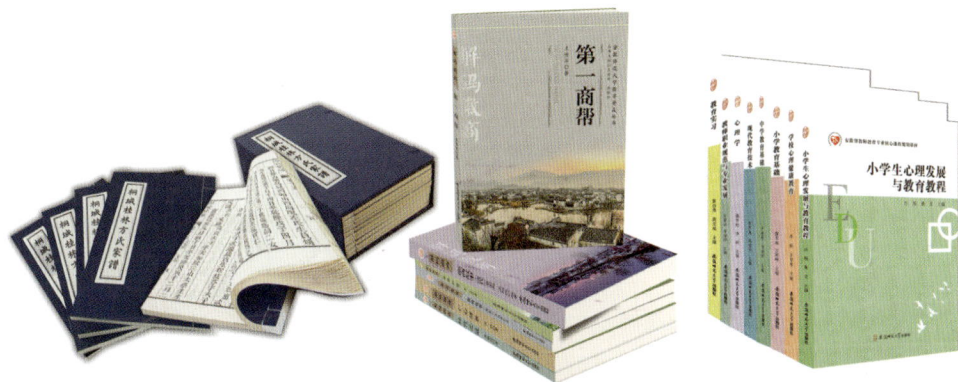

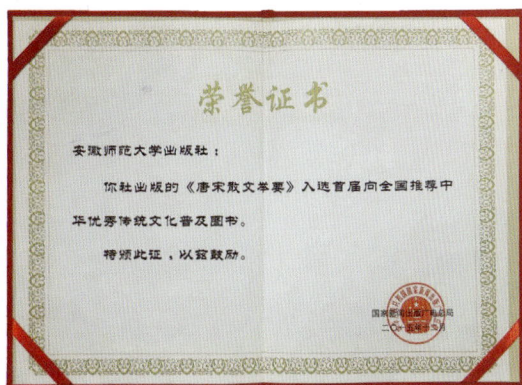

[上左]清光绪六年(1880)木刻版原版影印《桐城桂林方氏家谱》。
[上中]安徽师范大学徽学普及丛书"解码徽商"。
[上右]安徽师范大学出版社自主策划的教师教育专业核心课程规划教材。
[下左]《重建精神家园》获第四届中华优秀出版物图书提名奖。
[下右]《唐宋散文举要》入选首届向全国推荐中华优秀传统文化普及图书。

# 合肥工业大学出版社

Hefei University of Technology Press

合肥工业大学出版社成立于2002年，由教育部主管，合肥工业大学主办。近年来，出版社始终坚持正确的出版导向、充分发挥大学社优势，坚持"以高校教材为主体，以学术专著与地方文化读物为两翼"的出版方向，历经十五年的历练与积淀，在艺术设计、机械汽车、土木建筑等高校教材板块形成出版优势，在徽州古村落文化研究方向上形成出版特色。

近年来，合肥工业大学出版社实施精品发展战略，推出了一大批精品力作，《世界现代设计史》《简明中外新闻事业史》等一批教材入选国家级规划教材；200余本教材入选省级规划教材；《中国特色社会主义研究文丛》获得安徽省"五个一"工程奖并获得国家出版基金的资助；《中国改革与中国梦》2014年被新闻出版广电总局评为"培育和践行社会主义核心价值观主题出版重点出版物"；《杨淑子院士文化素质教育演讲录》获新闻出版总署"三个一百"第二届原创图书出版工程奖；《出生缺陷环境病因及其可控性研究》获得"第四届中华优秀出版物奖"、新闻出版总署"三个一百"第三届原创图书出版工程奖；《艺术设计教材数字化项目》获得文化产业发展专项资金的资助；《徽州古村落文化研究丛书》入选安徽省"文化强省"建设项目；《常用中草药显微结构鉴别彩色图鉴》（中英文对照本）被选为国家重点图书出版规划项目；"品读·文化安徽"丛书（20册）被安徽省委宣传部推荐进入"2016年向全省青少年推荐20种皖版优秀出版物"书目；《乐舞安徽》获2015年"十佳皖版图书"入围图书。

[上]合肥工业大学出版社获奖证书。

[下左]党员活动——凤阳小岗村。

[下右]出版社直属党支部赴中山陵、雨花台接受革命传统教育。

# 南京大学出版社
## Nanjing University Press

南京大学出版社
NANJING UNIVERSITY PRESS

　　南京大学出版社(以下简称南大社)是南京大学主办的综合性大学出版社，自1984年成立之日起，就浸润于深厚的历史文化底蕴之中。一直以来，南大社坚持"学术立社，品牌兴社"的出版理念；坚持"昌明国粹，融化新知"的出版宗旨，坚持以精品出版为"魂"，学术出版为"本"的经营思路，努力打造精品力作。十二五期间南大社在国家级重大奖项、国家级重大项目、文化走出去等方面业绩显著；在经营方面锐意开拓，积极进取，取得了良好的社会和经济效益。

　　近年来，南大社顺应时代发展，敢于直面挑战，实施数字化战略，开辟传统出版之外的新天地。首次推出、运营中文学术图书引文索引数据库（CBKCI）；首次推出、运营中国智库索引数据库（CTTI）；首次建立、运营"基于引文索引数据库的人文社会科学双语术语库"。这些数字化项目不仅在经济上助推南大社的转型升级，推动南大社文化产业的发展，更立足南京大学的学术科研优势，着眼于服务中国学术图书评价体系的未来，极具前瞻性，意义重大，体现了南京大学与南京大学出版社的学术担当。

　　此外，南大社通过多种途径，主动向国外大学、研究机构、出版社介绍本版图书，借助南京大学作为综合性大学与国外大学有诸多联系的优势，展开合作。先后与哈佛大学出版社、宾夕法尼亚州立大学出版社、韩国文学翻译社、日本笹川基金会、日本北陆大学出版会、德国歌德学院、法国傅雷图书资助出版计划、荷兰文学基金会等机构建立了往常的业务联系。并且已与东京大学出版会、德国德古意特出版社签订战略框架合作协议，双方精品项目互通互译，定期互访。

[上]"中文学术图书引文索引"第三次专家研讨会在南京大学召开，南京大学张异宾书记在会上发言。

[左下]南京大学出版社社长兼总编辑金鑫荣带队参观东京大学出版会，与东京大学出版会专务理事黑田拓也先生会面，签订战略合作框架协议。

[右下]诺贝尔文学奖获得者勒克莱齐奥参加南大社图书《法国文学经典译丛》新书发布会，之后将与许钧教授共同主编该套译丛。

# 东南大学出版社
## Southeast University Press

東南大學出版社
SOUTHEAST UNIVERSITY PRESS

　　东南大学出版社（含电子音像出版社）成立于1985年，建社30多年来牢牢把握正确的出版导向，始终把社会效益放在第一位，坚持社会效益和经济效益的有机统一，根据自身优势，不断调整、优化图书结构，准确把握特色、品牌与规模效益的关系，精心组织相关领域权威专家、知名学者，聚焦精品战略，形成了建筑和城市、土木和交通、电子和信息、医学和卫生、经济和管理、能源和环保、人文和社科等特色板块，树立了优势品牌形象。先后获得了"全国教材建设和管理工作先进集体""全国良好出版社""首届江苏省新闻出版政府奖先进新闻出版单位"等荣誉称号。

　　秉承和践行"为教学科研和人才培养服务，为社会贡献高水平人文、科技精品图书"的出版宗旨，东南大学出版社广泛吸纳优质出版资源，"十一五""十二五"期间54种教材入选国家级规划教材，4种教材被教育部评为"普通高等教育精品教材"；承担"十二五"国家重点图书出版规划项目13项和音像项目1项，12个图书项目入选"十三五"国家重点图书出版规划项目；7个图书项目获得国家出版基金资助；《斗栱》等3种图书获得"中国出版政府奖"，《喀什高台民居》等3种图书获得"中华优秀出版物奖"，百余种图书获省部级奖项为教育出版和学术研究做出了重要贡献。近年来，在科技创新和体制机制创新的双重驱动下，依托自身内容资源优势，逐渐探索出一条适合自己的数字出版转型之路：2个项目获得财政部产业资金资助，13个项目获得江苏省产业资金资助。

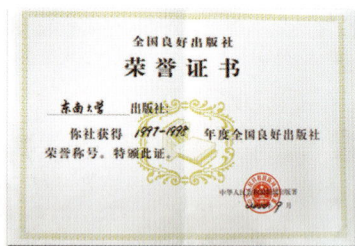

[上]东南大学出版社荣获"全国良好出版社""首届江苏省新闻出版政府奖先进新闻出版单位奖"称号。
[下左][下中]国家出版基金项目。
[下右]东南大学出版社出版的《斗栱》等图书荣获"中国出版政府奖""中华优秀出版物奖"。

# 南京师范大学出版社
## NANJING NORMAL UNIVERSITY PRESS

南京师范大学出版社
NANJING NORMAL UNIVERSITY PRESS

    南京师范大学是一所有 115 年历史的百年老校，是国家首批重点建设的 100 所重点大学、国家设立的来华留学示范基地，与世界上 33 个国家和地区的 192 所大学建立了校际交流关系。本社所处的随园校区更有着"东方最美丽的校园"之美誉。

    南京师范大学出版社自 1995 年成立以来，始终坚持"教字当头，以师为本"的办社方针，以"为高校教学科研服务、为文化教育事业服务、为广大教师学生服务"作为办社宗旨。依托南京师范大学的学科优势，在幼儿教育、基础教育、高等教育、艺术教育和人文社科五大块面形成鲜明特色，每年出版图书 500 余种、再版 400 余种。全社有近百种图书先后荣获省级及国家级各类奖项。2016 年，南师大出版社《新中国文学史料大系》《智力与发展性障碍者支持性就业》《东汉刑徒墓碑集释及研究》《幼儿成长观察与评价体系》4 个项目入选国家"十三五"出版重点规划项目。重点图书出版项目和图书奖项的获得，为我社推进"精品图书"出版计划的实施提供了重要保障，提升了出版美誉度，扩大了出版社的社会影响力。

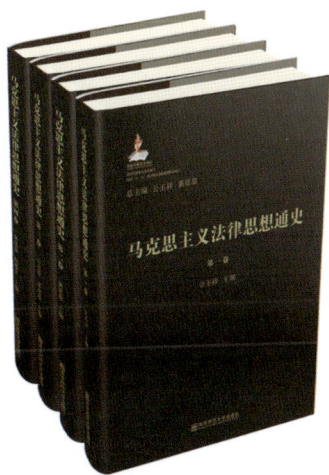

[上左]《马克思主义法律思想通史》（全四卷）一书荣膺第四届"中国出版政府奖图书奖"。

[上右] 南京师范大学出版社荣获"第五届中华优秀出版物奖图书奖"、"第四届中华优秀出版物奖出版科研论文奖"等称号。

[下左] 自 2008 年南京师范大学出版社与人民教育出版社开展合作以来，一直保持良好互动，不断拓展合作领域。2015 年 11 月，在人民教育出版社第 27 次全国中小学教材工作会议上，本社荣获先进单位"勇于突破奖"。

[下右] 由南京师范大学出版社承建运营的南京师范大学文化创意产业园。

# 河海大学出版社

Hohai University Press

河海大学出版社

HOHAI UNIVERSITY PRESS

　　河海大学出版社创建于1986年，是由河海大学主办、教育部社科司主管的大学出版社。建社30多年来，秉持为高校教学、科研和学科建设服务的办社宗旨，坚持"立足本校，面向全国；立足专业，面向大科技"的办社思路，出版了4000多种高校教材和学术专著，形成了鲜明的图书品牌和特色。河海大学出版社分别于2006年、2012年获得电子出版物出版权和网络出版物出版权。

　　河海大学出版社充分发挥河海大学在水文学及水资源、水利水电工程、港口海岸工程、农业水土工程、岩土工程、地质工程、环境工程等学科的专业优势和人才优势，竭诚为我国的水利教育事业、水利科技发展提供优质服务，出版了一大批学术价值高、实用价值广的精品科技图书和高校教材。承担了国家新闻出版广电总局新闻出版改革发展项目库项目、财政部文化发展资金项目和江苏省文化产业引导资金项目等国家和省部级出版项目等，28种50余册图书分别入选"十一五""十二五""十三五"国家和江苏省重点图书出版规划；7种图书入选国家出版基金资助项目；2种图书入选国家新闻出版广电总局"三个一百"原创图书出版工程；200余种图书分别获国家级、省部级和行业图书奖。

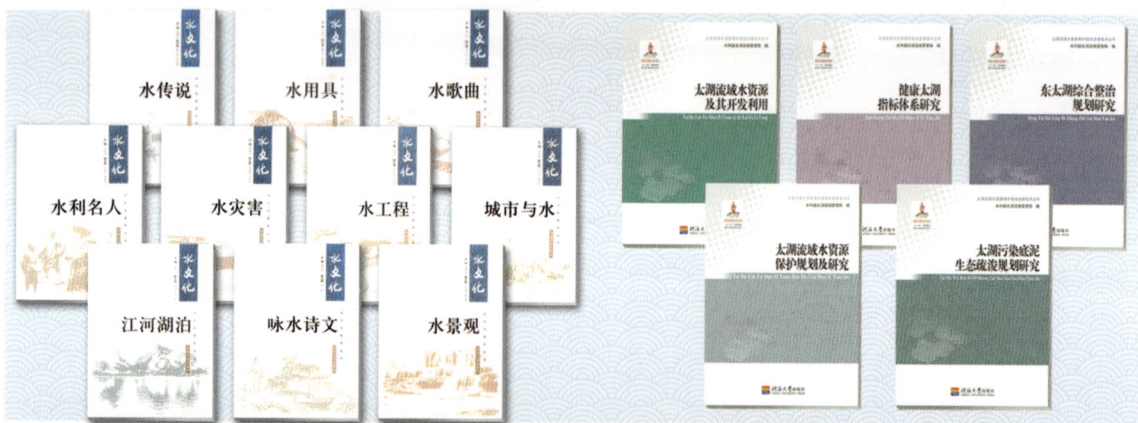

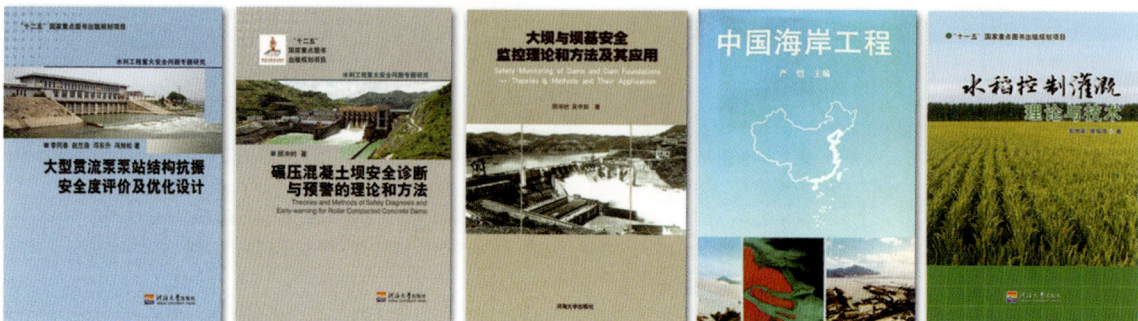

# 中国矿业大学出版社

China University of Mining
and Technology Press

国家一级出版社
全国百佳图书出版单位
China University of Mining and Technology Press

　　中国矿业大学出版社创建于1985年，由教育部主管、中国矿业大学主办，是我国唯一一所以矿业能源安全、环境、资源教育和科技发展为专业特色的大学出版社。出版社先后被教育部评为全国教材管理先进集体，被江苏省教育厅评为全省高校校办产业先进单位。2009年在全国首次出版单位等级评估中，被评为国家一级出版社，并荣获全国百佳图书出版单位称号。截至2016年底，出版纸质图书、数字出版物等4000余种，涵盖理、工、文、管、法、经、教育等学科，其中30多种图书获中国出版政府奖图书奖、中华优秀出版物奖、"三个一百"原创图书出版工程、国家图书奖、中国图书奖、国家科技进步奖（图书）、全国优秀图书奖、全国优秀科技图书奖、国家级优秀教材（教学成果）奖等国家级奖项，8部图书出版项目被列为国家出版基金资助项目，7个数字出版项目分别被列为财政部文化产业专项基金资助项目、江苏省文化产业引导基金资助项目，400多种图书获全国高校出版社优秀著作奖、江苏省"五个一"工程奖、江苏图书奖等省部级奖励。

　　面向未来，中国矿业大学出版社将继续秉承"植根教育、繁荣学术、特色立社、精品强社"的办社宗旨，为推动社会主义文化繁荣发展、建设社会主义文化强国做出贡献！

第七届中国图书奖

第八届中国图书奖

第九届中国图书奖

首届中国出版政府奖
图书提名奖

新闻出版总署全国100种
迎接党的十七大重点图书

第二届"三个一百"
原创图书出版工程

第三届中华优秀出版物

第二届中国出版政府奖
图书提名奖

第三届"三个一百"
原创图书出版工程

第四届中华优秀出版物
电子出版物提名奖

# 苏州大学出版社
## Soochow University Press

苏州大学出版社成立于1992年10月。20多年来，苏大社始终以传播先进文化、服务高校教学科研和地方文化建设为己任，出版了费孝通等一批著名专家学者的反映中华优秀传统文化、具有鲜明时代特色的精品佳作和高校教材、学术专著、大众读物，其中《中国丝绸通史》等7种图书荣获8项国家级图书奖，《解读苏南》等5种图书入选新闻出版总署"三个一百"原创图书出版工程，《邓小平与改革开放20年重大决策》等多种图书被列为国家重点图书出版规划项目。"吴文化资源数据库"等2个项目入选国家新闻出版改革发展项目库，"中国丝绸文化与应用数字出版交互平台"等2个数字出版项目获中央文化产业专项资金支持。

依托百年名校苏州大学和历史名城苏州的优势，苏州大学出版社已形成高等教育、职业教育、基础教育、音乐教育、书法教育等多层次、多专业的特色品牌教材和多视角反映苏州地方经济、社会以及丝绸特色文化的图书系列板块，具有很强的影响力和辐射力。苏大社自主研发的"苏云e线出版ERP软件"获得国家版权局计算机软件著作权登记证书。

苏州大学出版社十分注重企业文化建设，先后荣获全国新闻出版行业文明单位、江苏省新闻出版政府奖先进新闻出版单位等多项荣誉。

[上左] 苏大社先后有7种图书荣获中国出版政府奖等8项国家级图书奖，曾荣获全国新闻出版行业文明单位、江苏省新闻出版政府奖先进新闻出版单位奖等多项荣誉。
[上右] 2005年，著名丝绸专家赵丰主编《中国丝绸通史》首发式在北京人民大会堂举行，有关方面专家和学者出席了首发式。
[下左] 2005年，国际奥委会委员吴经国著《奥林匹克中华情》首发式于南京举行。
[下右] 2011年，我国著名"三农"专家温铁军领衔著述的《解读苏南》一书首发式暨学术研讨会在北京举行。

# 江苏大学出版社
## Jiangsu University Press

江苏大学出版社

JIANGSU UNIVERSITY PRESS

　　江苏大学出版社成立于 2007 年 6 月 8 日，由江苏省教育厅主管、江苏大学主办，是首批按照企业化制度设立的出版机构之一。出版社坐落在历史文化名城镇江幽静古朴的梦溪园畔，目前拥有员工 50 余人，基本建设成一支与出版社编辑、出版及发行工作相适应的高素质的出版队伍。

　　建社十年来，江苏大学出版社立足高校，服务地方，坚持"传播先进文化，弘扬学术民主，繁荣科教事业，促进社会进步"的办社宗旨和出版理念，充分发掘高校在学科、人才方面的优势，关注国内外学术研究的发展动态和教育体制改革、教学机制创新的最新进展，以培养人才所需的教材、创造新知所出现的学术论著等作为出版的主导产品。先后获得国家和江苏省规划项目 17 项，获新闻出版广电总局"三个一百"原创出版工程、江苏省图书奖、江苏省"五个一"精神文明工程和江苏省社会主义核心价值体系建设"双百"出版工程重点项目等各类奖项百余种。

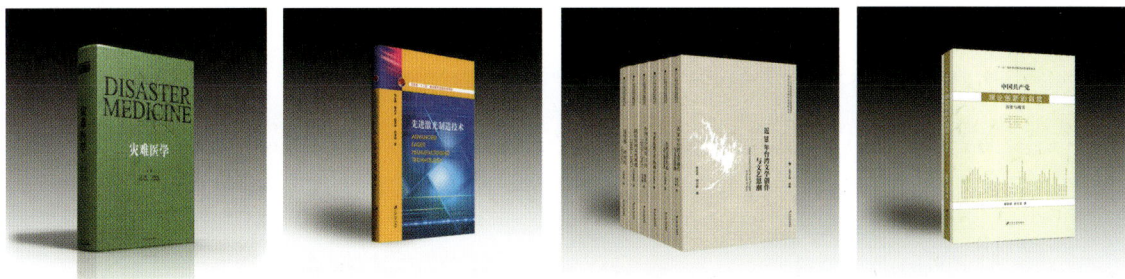

[上]《灾难医学》入选新闻出版总署第三届"三个一百"，《先进激光制造技术》获得首届江苏省图书奖，《大众篆刻入门》入选首届向全国老年人推荐优秀出版物。
[下左一]《灾难医学》入选第三届"三个一百" 原创出版工程、国家"十一五"重点图书出版规划项目，获得首届江苏省图书奖提名奖、中国大学出版社协会第二届优秀教材二等奖。
[下左二]《先进激光制造技术》入选江苏省"十二五"重点出版物规划项目，获得首届江苏省图书奖。
[下右一]《中国共产党理论创新的自觉：历史与现实》入选国家"十二五"重点图书出版规划项目，获得江苏第九届高校哲学社会科学研究优秀成果三等奖。
[下右二]《当代台湾文化研究新视野丛书》入选国家 "十二五"重点出版物规划项目，获得第九届中国文联文艺评论奖二等奖。

# 复旦大学出版社
## Fudan University Press

复旦大学出版社
Fudan University Press

复旦大学出版社1981年建社，2009年改制为复旦大学出版社有限公司，为国家教育部主管、复旦大学主办的综合性大学出版社。出版社现设复旦大学电子音像出版社、医学分社、外语分社、经济管理分社、学前教育分社、大项目部、人文编辑部、新闻政法编辑部、理科编辑部等机构，下辖上海复旦经世书局、上海复天文化发展有限公司、上海复通传播有限公司和上海复社图文制作公司。

复旦大学出版社系国家一级出版社、全国百佳图书出版单位，在国内出版界和大学出版社集群中有着重要的影响力。出版社传承复旦大学"博学而笃志，切问而近思"的人文精神，秉持"人为书本，书为社本；名校风范，一流出版"的办社宗旨，坚守"以人类的良知与社会的理性传播科学和思想文化"的严谨传统，长期致力于中国思想文化的传播与发展，追踪世界科技发展前沿和教育创新，关注人类幸福生存方式及永续未来，以其原创性学术著作、高水准规划教材以及优秀社会读物赢得了中外读者信任。近年来，出版社年出版新书逾千种，再版重印书近2000种，版权输出、输入总量数百种。累计出版图书16000多种。370余种图书获得中国图书奖、中国出版政府奖和中华优秀出版物奖等各类奖项。

"读复旦书，做卓越人"，复旦大学出版社坚持"深度出版、精度出版"理念，愿与广大学者、作者、读者携手努力，共同打造中国乃至世界重要的教育、科技及文化工程出版高地，为国家文化出版繁荣充当前驱！

[上左] 复旦大学出版社办公楼。
[上中] 2009年，复旦大学出版社被授予全国百佳图书出版单位称号。
[上右] 2017上海书展复旦大学出版社展台。
[下左] 2014年，复旦大学出版社举办《琉球王国汉文文献集成》首发式。
[下中] 2015年，复旦大学出版社举办《中华汉英大词典》首发式。
[下右] 2017年，复旦大学出版社举办《王安石全集》首发式。

# 同济大学出版社
## Tongji University Press

同济大学 出版社
TONGJI UNIVERSITY PRESS

  同济大学出版社成立于 1984 年 5 月，建社 30 年多来，出版社一直坚持马克思主义新闻出版观，秉承优质教材与优秀学术著作并重的出版方针，依托同济大学的学科和人才优势，积极汇聚海内外优秀作者资源，锐意进取，不断开拓。在城市与建筑学科、土木工程、交通、德语与欧洲文化交流、基础学科、医学等领域，出版了一系列有影响力的学术专著和重点教材，获得包括中国图书政府奖、中华优秀出版物奖以及国家出版基金在内的各类奖项、基金 100 余项。

  在新形势下，同济大学出版社以"城市建筑"为核心，加强出版社品牌内涵建设，完善城市建筑的知识出版体系，传播城市与建筑文化和艺术。实施教材与专著并驾齐驱，规划系列精品出版工程，以交通科学、环境科学、生命科学、基础科学为学术出版特色，以德语与德国文化、人文与艺术为文化出版特色，服务于国家、上海的重大战略，围绕大学的中心工作，服务学校教学科研、学术创新、咨政育人工作；顺应出版融合发展的趋势，探索图书品牌＋互联网数字教育/知识服务出版，构建图书品牌＋"走出去"国际化出版平台。实施"精品化、数字化、国际化、市场化"出版战略，努力建设成为国内领先、国际知名的互联网＋知识服务型大学出版传媒机构。

[上左]《城市地下空间出版工程·放在与安全系列》获得上海图书奖一等奖。
[上右]《中国近代建筑史料汇编》。
[中]《一点儿北京》获得第四届中国出版政府奖装帧设计奖。
《历代"清明上河图"——城市与建筑》获得第六届中华优秀出版物奖提名奖。
《中国古代机械文明史》获得第五届中华优秀出版物奖提名奖。
《小侦探：汉英对照》获得第四届中国出版政府奖装帧设计奖提名奖。
《大上海都市计划》获得上海图书奖一等奖。
[下]同济大学出版社学术出版与国际影响力提升计划（2017年5月）。

# 东华大学出版社
## Donghua University Press

東華大学出版社

东华大学出版社，系原中国纺织大学出版社。1993年成立至今，紧紧围绕国家战略需求，依托上海国际时尚之都建设，利用纺织服装行业平台，挖掘东华大学学科资源，以大项目为抓手，以学术专著为高峰，以版权贸易为高地，以教材建设为根本，以时尚生活出版物为补充，致力于"国内领先、国际有影响"的"纺织服装研究与学术出版中心"建设，努力为高校出版的国际化、数字化建设而添砖加瓦，实现我社出版转型和可持续发展。

作为一家专业出版大学社，不断整合以纺织、服装和艺术设计为核心竞争力的出版资源，形成了结构合理、特色鲜明、品牌显著的图书出版框架，涵盖教材板块、学术板块、引进板块、时尚板块和文化生活板块等领域，成为国内以服装为核心的研发和出版基地。2014年，获得上海市新闻出版局首批"上海学术（专业）出版中心"建设单位——"纺织服装研究出版中心"。近年来，先后获得6项国家出版基金、9项上海市新闻出版局出版专项、9项上海高校服务国家重大战略出版工程、3项上海市文化创意产业推进领导小组办公室专项资助、27项上海市文化发展基金、4项上海市科技专著基金、1项上海市版权"走出去"资助专项和1项上海校园文化传承创新发展行动计划。一年一度的"国际纺织服装研究出版论坛""暑期全国服装专业教师高级研修""暑期全国环境艺术设计专业教师高级研修""城市记忆·新中国时尚流行变迁图片展""城市记忆·一带一路沿线国家时尚流行图片展"等大型品牌推广活动，赢得了业内专家和新闻媒体的认同和赞誉。

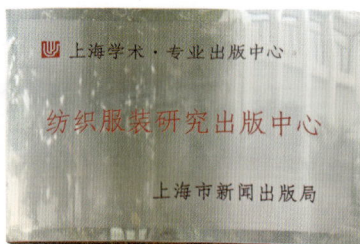

［上左］2016年9月，中国纺织服装教育学会授予东华大学出版社"全国纺织服装教育先进单位"称号。
［上右］上海市新闻出版局授牌"纺织服装研究出版中心"
［下左］2015年4月，首届"国际纺织服装研究出版论坛"举行"纺织服装研究出版中心"的揭牌仪式。
［下右］2017年4月，"城市记忆·一带一路沿线国家时尚流行图片展"在上海纺织服饰博物馆隆重开幕。

# 华东理工大学出版社

East China University Of Science
And Technology Press

華東理工大學出版社
EAST CHINA UNIVERSITY OF SCIENCE AND TECHNOLOGY PRESS

　　华东理工大学出版社（以下简称"华理社"）成立于1986年11月17日，是由教育部主管、华东理工大学主办，集图书、网络、电子、音像制品于一体的综合性大学出版社，2009年转企改制为华东理工大学出版社有限公司。

　　30多年来，华理社依托母体大学的学科专业优势，全力支持高校学科建设、人才培养和中小学教育教学的发展，逐步形成了学术导向和市场导向并重的出版格局，在理工、社科、外语、基础教育图书等方面形成了一定的出版规模和品牌，取得了良好的社会效益和经济效益。上海市"能源资源环境健康（化学化工）专业出版中心"落户华理社。一批"十三五"国家重点图书、国家出版基金资助项目服务国家重大战略，瞄准国际前沿实现了科技与出版融合发展，实现了图书出版及版权输出，在国际主流学术界也获得认可，在出版界、教育界、学术界赢得了良好声誉。在市场图书出版领域，华理社与迪士尼公司携手，成功出版一系列迪士尼青少年英语阅读领域的优秀图书，并且实现了迪士尼图书的纸数融合出版，与纸书同步推出电子书、APP、有声书等产品形态。

　　面对出版业改革发展、转型升级的新形势，华理社将围绕建设国内优秀的大学文化企业的奋斗目标，大力落实"提质增效，融合发展"的发展战略，立足发展传统出版，稳步推进全媒体出版，积极探索多元化经营，努力由传统的内容提供商向优秀的教育服务商转变。

[上] 华东理工大学出版社的"花梨阅读"（华理有声世界）、"迪士尼系列图书""'社会工作流派译库'丛书""'中国能源新战略——页岩气出版工程'丛书"（与施普林格·自然集团签署版权输出协议）。

[下] 2017年8月23日《中国能源新战略——页岩气出版工程》版权输出施普林格·自然集团。

# 华东师范大学出版社
## East China Normal University Press

华东师范大学出版社

华东师范大学出版社创建于1957年，是新中国成立后最早的两家大学出版社之一。2017年建社60周年。华东师大出版社已形成了以大教育为出版宗旨的综合性出版特色，构成了印刷类图书、电子音像出版、数字网络出版等全品种出版格局。依托华东师范大学深厚的学术底蕴，2017年进一步把目标定为：引领中国教育出版，建设国内一流、国际知名的大学出版社。

在历次出版改革中，始终走在前列，既坚持为教育和学术服务、注重出版物的高质量，又持续在体制和机制上进行改革创新，实现了超常规的发展。荣获国家级、省部级等许多奖项，有全国百佳图书出版单位、数字出版转型示范单位、全国版权示范单位等。先后获得中国出版政府奖7个奖项，包括先进出版单位奖、优秀出版人物奖，获奖图书有《中国教育史研究》《中国文字发展史》《私想者》等。《大学语文》等成为长销的名牌图书。"ECNUP"和"华东师大版一课一练"均为上海市著名商标。《一课一练·数学》于2015年将版权输出到英国进入当地主流市场。2017年，国家新闻出版广电总局出版融合发展（华东师大社）重点实验室揭牌运行。

[上] 国家新闻出版广电总局规划发展司副司长李建臣，上海市新闻出版局副局长陈丽，华东师范大学副校长汪荣明，上海市普陀区科委主任李文波等领导共同为国家新闻出版广电总局出版融合发展（华东师大社）重点实验室揭牌。（左起：汪荣明、李建臣、陈丽、李文波）
[下左] 国家出版基金项目《中国文字发展史》获第四届中国出版政府奖图书奖，第六届中华优秀出版物提名奖，第十四届上海图书奖一等奖。
[下右] 2017年6月8日，一名读者在位于英国伦敦皮卡迪里街道上的水石书店二层儿童区翻看华东师大版《一课一练》数学分册的英国版。
——《中国新闻出版广电报》2017年6月15日报道。

# 立信会计出版社
## Lixin Accounting Publishing House

立信会计出版社（以下简称为"立信社"）成立于1941年6月，现有员工50多人，由立信事业的创始人、中国现代会计之父、教育家潘序伦博士与出版家邹韬奋先生共同创建。立信社坚持"为财经教育服务，为社会大众服务"的办社宗旨，走"专业化、精品化、数字化、国际化"的特色发展之路，以会计专业教育出版为核心，在高等、中等会计专业教材和会计学术专著领域深耕细作，教材行销全国1000多家高等院校，在业内享有较高的知名度和品牌影响力。《中国会计准则的国际趋同效果研究》等图书获中华优秀出版物奖和省市级优秀图书奖。自2010年以来，立信社获国家重点图书规划项目17项，国家出版基金项目10项，国家农家书屋项目6项，上海市级项目79项，年销售码洋在1.2亿元。

立信社以繁荣财经教育为己任，坚持特色立社，品牌兴社，逐步形成了"高等教育、学术精品、大众读物、培训考试"四大板块的出书结构。立信社注重编校质量，图书质量上乘，在2005年上海市新闻出版局组织的编校质量检查中被评为零差错，打破了无错不成书的铁律。立信社不忘回馈社会，在西藏日喀则建立了"立信高原书屋"，践行"传播真理，传承文明，教育人民，服务社会"的崇高使命。

[上左] 2017年9月，在西藏日喀则建立了"立信高原书屋"。
[上右] 2016年4月，窦瀚修社长向加拿大圣玛丽大学图书馆馆长捐赠图书。
[下] 2014年11月，社员工参加学校运动会。

# 上海交通大学出版社
## Shanghai Jiao Tong University Press

上海交通大学出版社
SHANGHAI JIAO TONG UNIVERSITY PRESS

19世纪末，我国近代最早的大学出版机构——南洋公学译书院载誉出世，其在设立之初便确立了"为成才之助""周知四国之为"的目标，出版了严复的《原富》等风行一时的书籍。1983年，沐浴着改革开放春风的上海交通大学出版社正式成立。

依托百年名校——上海交通大学独有而深厚的学术背景，上海交通大学出版社不断吸纳学术界富有名望的专家、学者，策划出版了《平易近人——习近平的语言力量》、"大飞机出版工程""东京审判出版工程""犹太难民与中国出版工程""钱学森系列""船舶与海洋出版工程"等一批有重要影响的优秀图书，成为国内学术出版重镇之一，被导誉为"为民族做事""出版为国家重大战略服务"的典范。

上海交通大学出版社致力于打造学术成果走向世界的桥头堡，增强国际影响力和学术话语权。近年来向爱思唯尔、施普林格、德古意特出版社、剑桥大学出版社等输出"大飞机出版工程""光物理研究前沿系列""中国工程技术前沿系列"等版权150余项，20多个项目得到"经典中国国际出版工程""中国图书对外推广计划"支持；获得法兰克福书展、伦敦书展中国主宾国优秀活动表彰。

上海交通大学出版社在业内享有良好的声誉，多次荣获中国图书奖、中华优秀出版物奖，入选"三个一百"原创出版工程。2014年1月，荣获第三届中国出版政府奖先进出版单位奖，成为30年改革发展历程中的重要里程碑。

千帆竞发，万舸争流。上海交通大学出版社"夯质量效益之基，筑融合创新之梦"，正在为早日建成"社会效益突出、经济实力雄厚和品牌声誉卓著的一流大学出版强社"而不懈努力！

# 上海外语教育出版社

## Shanghai Foreign Language Education Press

上海外语教育出版社（以下简称为"外教社"）成立于 1979 年，是一家由国家教育部主管、上海外国语大学主办的大学出版社，以"全心致力中国外语教育事业的发展"为己任，是我国大型、权威的外语教育出版基地。

外教社已累计出版近 30 个语种的图书和电子出版物 7000 余种，总印数近 7 亿册，700 多个品种在省部级以上各类评比中获奖，多次被原国家新闻出版总署表彰为"良好出版社"，并先后荣获"先进高校出版社"等光荣称号。2009 年，外教社在首次全国经营性出版单位等级评估中，被原新闻出版总署评为国家一级出版社，被授予"全国百佳图书出版单位"称号。在 2011 年第二届中国出版政府奖评选中，外教社荣获 4 个奖项：先进出版单位奖、图书奖（《汉俄大词典》）、图书奖提名奖（《新牛津英汉双解大词典》）和网络出版物奖提名奖（思飞小学英语网），并多次在上海市图书出版单位社会效益评估中位列全市第一。2012 年，外教社 8 个项目的 176 册图书被列为教育部"十二五"普通高等教育本科国家级规划教材，入选数位列全国外语类出版机构和大学出版社之首。2014 年，在备受教育界关注的教育部国家级教学成果奖的评选中，上海外语教育出版社策划出版的"新世纪大学英语系列教材""大学英语口语测评系统"和《高职高专外语教育发展报告(1978—2008)》分别获得了高等教育和职业教育国家级教学成果二等奖。2015 年，外教社荣获国家新闻出版广电总局第二批"数字出版转型示范单位"称号；2 个项目入选 2015 年国家新闻出版改革发展项目库，32 种图书入选"中文学术图书引文索引"数据库。《外语界》入选"2014 中国最具国际影响力学术期刊"，在 2014 中文核心期刊影响因子排名 100 强中名列第二。

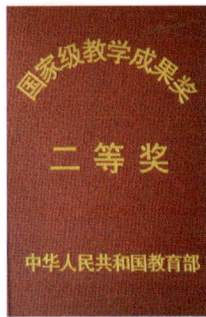

[下左] "外教社杯"全国高校外语教学大赛组委会名誉主任、教育部原副部长吴启迪教授为大赛特等奖获奖者颁奖。

[下右] 2014年，在教育部国家级教学成果奖的评选中，上海外语教育出版社策划出版的"新世纪大学英语系列教材"获得了高等教育国家级教学成果二等奖。

# 上海浦江教育出版社
## Shanghai Pujiang Education Press

上海浦江教育出版社

Shanghai Pujiang Education Press

上海浦江教育出版社是在原上海中医药大学出版社的基础上，经转制改组而成的国有股份制出版社，成立于1985年2月、改组于2011年5月，由上海海事大学、上海中医药大学主办，上海市教育委员会主管。长期以来，浦江教育出版社一直秉承"立足上海、面向全国、走向世界，依托高校、服务教学、服务医疗"的理念，坚持走"小而特"的发展之路，逐步形成了海事海洋、中医中药类图书的出版特色，并得到了管理部门及国内外业界同仁的广泛认可和鼓励。

近年来，为了更好地承担起与上海"四个率先"相吻合的出版重任，上海浦江教育出版社开启了新一轮"夯实基础、筑基强社"的征程。他们坚持以"小学基础与操作实务相结合、分散学习与集中学习相结合、走出去与请进来相结合"等多种方式，加强对编校人员业务基础知识的培训和业务能力的提升，并取得了不俗的成绩：在上海市举行的编校大赛中屡获佳绩，其青年编辑在全国性的编辑业务大赛预赛中崭露头角。

百川归海看浦江，

百年大计看教育，

百业兴旺看出版。

上海浦江教育出版社全体员工愿与您共创无愧于上海、无愧于时代的辉煌！

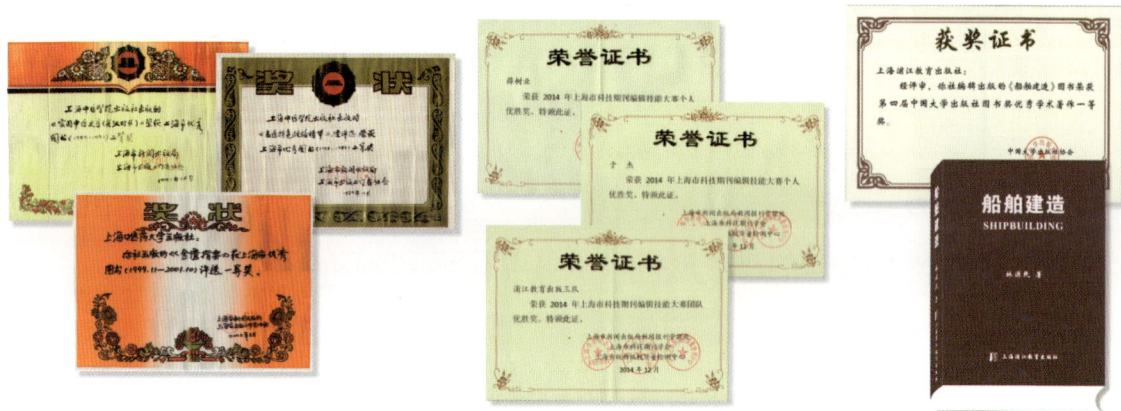

[上左]　上海中医药大学出版社获上海市优秀图书奖。

[上右]　《船舶建造》获第四届中国大学出版社图书奖优秀学术著作一等奖。

[下左]　上海浦江教育出版社成立典礼。

[下右][上中]　上海浦江教育出版社获上海市科技期刊编辑技能大赛团队优胜奖、多人个人优胜奖。

# 上海音乐学院出版社
## Shanghai Conservatory of Music Press

上海音乐学院出版社成立于 2003 年，由洛秦担任社长兼总编辑至今，是依托上海音乐学院地位和品牌的基础而发展起来的出版社。主要出版上海音乐学院设置的主要学科、专业课程所需的教材；上海音乐学院教学所需要的参考书、工具书；与上海音乐学院主要专业方向一致的学术专著、译著；适合高等学校教学需要的读物以及上述范围的上海音乐学院教师专著、译著等。

建社以来，上海音乐学院出版社出版了千余种图书："音乐个人文论集系列""上音译丛""音乐上海学系列""音乐人类学的理论与实践文库系列""博士论文系列""中国现代室内乐系列作品""宋代音乐文化阐释与研究文丛""辛笛应用钢琴教学丛书"等涉及音乐学术理论、社会普及音乐教育等领域的图书，在学术界和社会上都产生了很大影响。

建社以来，部分图书曾获多种图书奖项和称号，如第九届中国音乐金钟奖理论奖一、二、三等奖，哲学社会科学优秀成果一等奖，中国大学出版社图书奖优秀学术著作奖一等奖，文联文艺评论奖著作类奖项，"中国最美的书"称号，上海书籍设计艺术奖最佳封面设计奖等。

[ 上 ] 上海音乐学院出版社所获部分奖项及荣誉称号。

[下左] 上海音乐学院出版社出版的《高山流水——古琴艺术》，该书荣获中国大学出版社图书奖优秀学术著作奖一等奖，上海书籍艺术设计奖最佳封面设计奖。

[下中][下右] 在 2008—2015 年中国音乐学图书学术影响力各项排名中上海音乐学院出版社的图书均排在第一，图为上榜图书。

# 浙江大学出版社
## Zhejiang University Press

Zhejiang University Press
浙江大学出版社

　　浙江大学出版社是教育部主管、浙江大学主办的国家一级出版社（全国百佳图书出版单位），创立于1984年5月，承浙大几代学人"求是""创新"精神，通过30多年的发展，已成长为一个拥有图书、期刊、电子、音像和数字等各类出版资质，出版范围涵盖人文社科和理工农医等多个学科领域，年出版新书1100种以上的综合性出版企业。

　　先后出版了"中国历代绘画大系——《宋画全集》《元画全集》""中国科技进展丛书"等一大批有影响、受好评的大型优秀出版物，累计已出版图书10000余种、数字和电子音像读物近千种，先后获得国家图书奖、中国图书奖、中国出版政府奖、中华优秀出版物奖等数百种国家级和省部级各类奖励和荣誉。出版社建设成绩斐然，先后获得"首届全国新闻出版行业文明单位""国家文化出口重点企业""国家数字化转型示范单位"等称号。

　　作为来自一流大学的出版单位，浙江大学出版社始终坚持把服务党和国家出版工作大局、服务社会主义文化建设和服务一流大学建设作为办社宗旨，把出版高水平学术著作、高校教材以及优秀的通俗理论读物作为主要任务，并积极实施精品化、数字化、国际化战略，逐渐形成了学术和教育出版的较强品牌。在未来的发展中，浙江大学出版社将与时俱进，营造"求是、创新、和谐、卓越"的企业文化，围绕浙江大学建设世界一流大学的战略目标，继续坚持大学出版社的办社宗旨，不断解放思想，开拓创新，争取把浙江大学出版社建设成为特色鲜明、品牌凸显、效益显著的一流大学出版社。

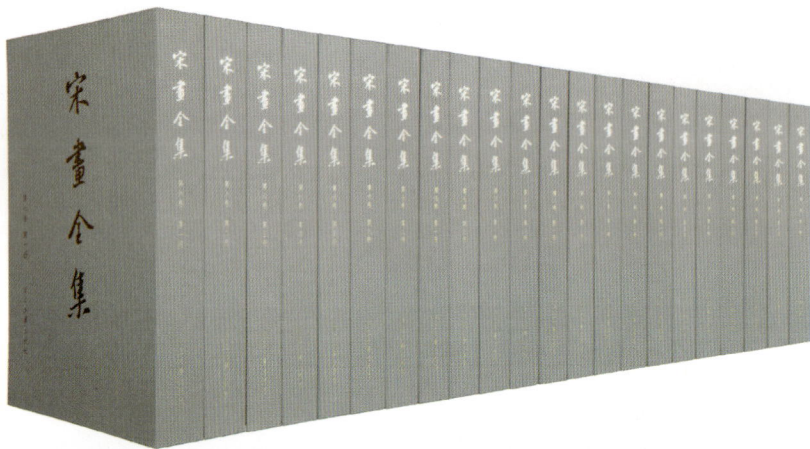

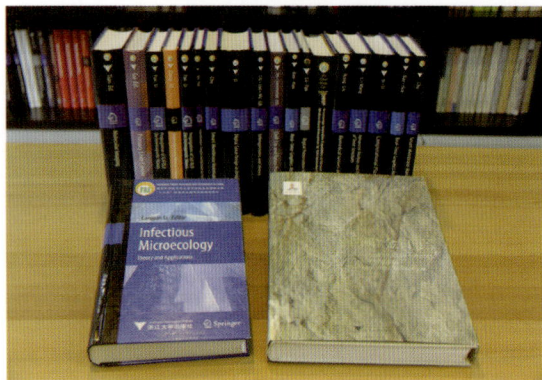

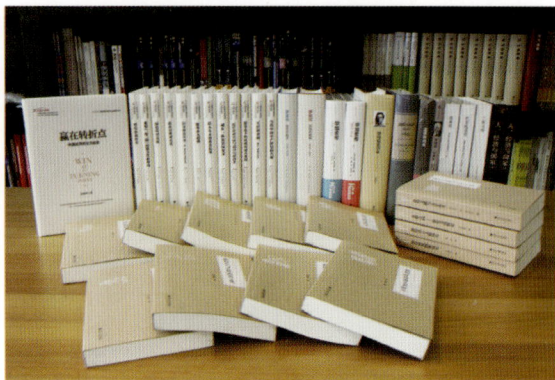

# 厦门大学出版社
## Xiamen University Press

　　厦门大学出版社成立于1985年5月，是"国家一级出版社""全国百佳图书出版单位"，也是福建省唯一的大学出版社。厦门大学出版社是以学术出版、教育出版和文化出版为主的综合出版社，拥有图书出版、电子出版、网络出版等多项出版权，出版物涵盖人文社会科学、自然科学、技术科学等众多学科，已成为一家特色鲜明，品牌成熟，有较强社会影响力的高校出版社。目前，厦大出版社拥有80名员工，是一个朝气蓬勃、温馨和谐的出版团队。出版社坐落在环境优美、充满现代气息的厦门软件园二期。

　　厦门大学出版社依托名校厦门大学，面向社会，始终坚持党的出版方针，坚持正确的出版导向，以"蕴大学精神、铸学术精品"为出版理念，坚持为高校教学科研服务的办社宗旨，坚持"学术为本，教材优先"的出版方针，形成了高质量、高水平、有特色的图书结构，实现品牌的不断拓展，推动了多学科多层次的高校教材系列的出版，逐步形成了一批在书界颇具影响的，具有文化积累意义的品牌图书，凝练出台湾研究、东南亚研究、文史研究、经济学、管理学、法学、广告教育、海洋研究、文献整理等特色图书，同时也为地方文化建设出版大量精品力作。近年来，厦大出版社在"走出去"方面成果显著，2013-2017年连续五年跻身"中国图书海外馆藏影响力出版100强"。

[上]厦门大学出版社荣获全国百佳图书出版单位、厦门市重点文化企业等称号，连续五年跻身中国图书海外馆藏影响力出版100强，多部图书荣获中国出版政府奖、中华优秀出版物奖
[下左]《台湾文献汇刊》（100册）。填补台湾历史文化研究在文献资料建设上的缺陷，见证了台湾的历史，具有权威性以及历史、文化、经济、政治等方面的研究价值，是对台宣传重点项目。
[下右]"中国最美的大学——厦门大学"丛书。充分展示厦大校园的美丽风光和厚重的文化底蕴，从不同的角度，以不同的形式表达了厦大学子对母校发自内心的热爱。

# 浙江工商大学出版社
## Zhejiang Gongshang University Press

浙江工商大学出版社是浙江省第三家大学出版社、浙江省教育厅直属的唯一一家高校出版社，现有在职员工 50 余人，其中中高级职称 30 余人。出版范围涵盖经、管、文、法、外语等多个学科领域，年出版新书 500 种以上，先后出版了"英国文学大系——《狄更斯全集》《莎士比亚全集》""诺贝尔演讲书系——《诺贝尔文学奖颁奖词与获奖演说全集》《诺贝尔经济学奖颁奖词与获奖演说全集》""少儿经典作品引进书系——《警犬汉克历险记》"儿童历史绘本""浙商中国梦丛书"等一大批受好评、有影响的大型优秀出版物，获得了中国出版政府奖提名奖等国家和省部级各类奖励与荣誉，《中国饮食科学技术史稿》获得 2015 年国家出版基金资助，《统计探源——统计概念和方法的历史》获得 2014 年引进版权优秀图书奖，"五水共治"科普丛书、《世界遗产保护启示录》被评为全国优秀社科普及作品。

（1）创社宗旨：立足教育 服务教育 发展教育
（2）办社理念：坚守 坚忍 坚强
（3）价值取向：出版有价图书 提供无限服务
（4）战略目标：较好经营效益 良好品牌效应 长足发展动力
（5）发展定位："教育类图书"为主体 "商贸类图书"为特色

浙江工商大学出版社正在茁壮成长。她将以"效率高、服务佳、质量优"的最佳姿态迎接国内外各界朋友。

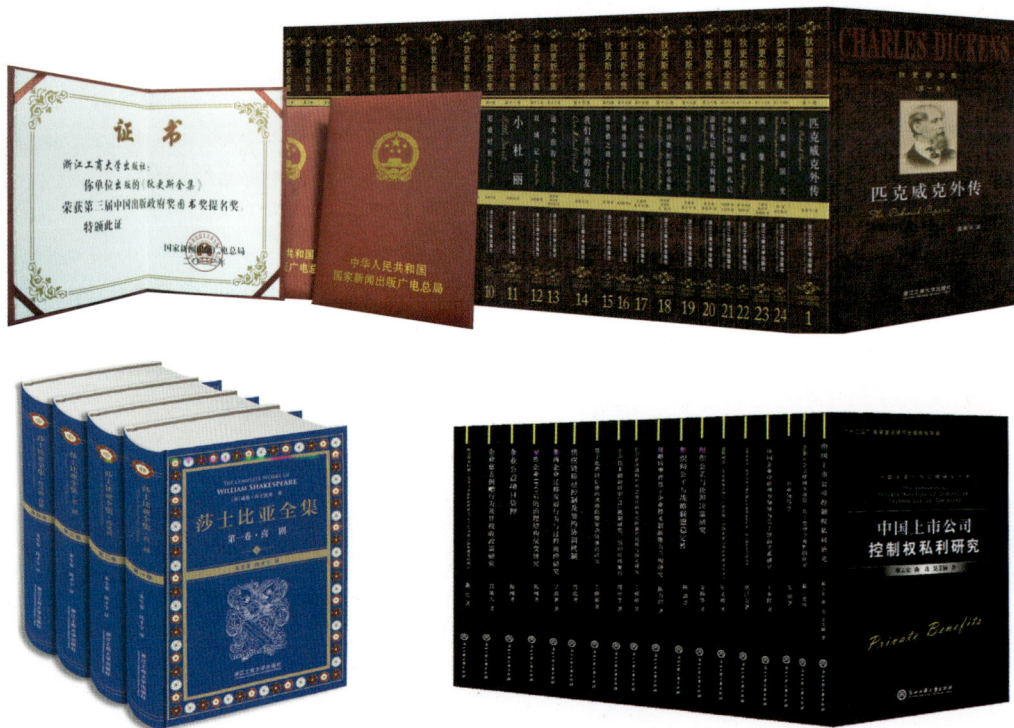

[上]《狄更斯全集》荣获第三届中国出版政府奖提名奖。
[下左]《莎士比亚全集》荣获第二十五届浙江树人出版奖。
[下右]中国企业行为治理研究丛书入选"十二五"国家重点图书项目。

# 河南大学出版社
## Henan University Press

河南大学出版社

HENAN UNIVERSITY PRESS

河南大学出版社成立于 1985 年 2 月，是河南省成立最早的一家综合性大学出版社。根植于百年老校河南大学的学术沃土，沐浴着改革开放的和煦春风，河南大学出版社已经走过了三十余年。

2009 年，响应国家文化体制改革的号召，出版社积极改制，成立了河南大学出版社有限责任公司，初步形成了以开封为依托、以郑州为主体、以北京为前沿的新的出版发行格局，以崭新的面貌迎接挑战，走向更广阔的出版征程。

三十余年来，河南大学出版社始终坚持教育出版和学术出版方向，并形成了自己的特色，具有较大的教育与学术品牌影响力。建社以来，河南大学出版社共出版高校教材、学术专著、教学参考书等各类图书四千余种，其中高校教材和学术专著占 80% 以上，并有近三百种图书获得国家和省部级等奖励，创造了良好的社会效益。

河南大学出版社深化改革，锐意进取，培养了一支政治坚定、业务精湛的编辑队伍，形成了团结奋斗、无私奉献的出版企业文化精神，为可持续发展奠定了坚实的基础。河南大学出版社像一颗希望的种子，沐浴着春风，承载着希冀，在筚路蓝缕、同舟共济、枝叶扶疏的历程中，成长为一棵根深叶茂、硕果累累的参天大树。

[上左] 河南大学出版社历年来获得的部分奖杯和证书。
[下左] 河南大学文化产业基地（郑州）成立暨河南大学出版社有限责任公司揭牌。
[上右] 河南大学出版社承担的国家重大出版项目《中华大典·农业典》。
[下右] 河南大学出版社建社三十周年全体职工合影。

# 郑州大学出版社
## Zhengzhou University Press

郑州大学出版社

郑州大学出版社是由河南省教育厅主管、郑州大学主办的一家综合性出版机构，其前身是河南医科大学出版社。2001年，原郑州大学、郑州工业大学和河南医科大学三校合并后，更名为郑州大学出版社。

自建社以来，郑州大学出版社始终坚持为人民服务、为社会主义服务的办社方针，以传播科学文化知识、传承民族文化精神、弘扬创新学术思想为己任。突出"立足中原文化，兼顾教育与学术，逐步做大市场、积极服务社会"的出版理念，以教育出版为中心，高水平学术专著和大众图书出版为两翼，出版了一大批各层次教材教辅和学术精品，产生了良好的社会效益和经济效益。

截至2016年12月底，郑州大学出版社共出版各类图书5000余种，有260余种图书获得国家和省部级奖励，蝉联第十一至十三届中国图书奖，获得第二届中华优秀出版物奖图书提名奖、第五届中华优秀出版物奖图书奖及提名奖、第四届中国出版政府奖图书提名奖、国家科技进步（科普读物）二等奖。已有6种图书获国家出版基金资助，2个项目入选"新闻出版改革发展项目库"并获国家文化产业发展专项重大资金资助。

依托郑州大学雄厚的人才资源、学科优势和浑厚的中原文化积淀，郑州大学出版社正在形成新的特色，特别是在医学、旅游学、法学、经济学、新闻传播学、古典文献学、历史文化学、（特殊、公民）教育学、中原（地方）文化、传记文学以及土木工程、食品科学等领域崭露头角，正在形成多学科、多领域、多品种图书比翼齐飞的新格局，基本完成由医学专业社向综合社的成功转型。

[上]《新校订六家注文选》荣获中国出版政府奖图书提名奖。
[上左]《中华战创伤学》入选国家出版基金资助项目。
[下右]"中国现代文化世家丛书"入选国家出版基金资助项目。

# 武汉大学出版社
## Wuhan University Press

武汉大学出版社
WUHAN UNIVERSITY PRESS

武汉大学出版社成立于1981年，是教育部主管的综合性重点大学出版社，全国三大高校文科教材出版中心之一。2001年初，因主办高校合并，原武汉测绘科技大学出版社、原武汉水利电力大学出版社并入，组建成新的武汉大学出版社。

武汉大学出版社先后荣获"先进高校出版社"和"全国优秀出版社"荣誉称号。1991年率先推出我国第一部电子图书，1988年在全国大学出版社中率先成立学术著作出版基金，1997年率先注册企业法人，2007年改制成为国有独资的有限责任公司，2015年被认定为全国"数字出版转型示范单位"。

武汉大学出版社享有图书、地图、音像制品、电子出版物和网络出版物等多项出版权，出版物涵盖人文社会科学、自然科学、技术科学等众多学科。建社30多年来，坚持"传播先进文化，服务高等教育"的出版理念，立足优势特色学科，依托权威专家学者，开发优质出版资源，逐渐进入"大学教材系列化，学术著作精品化，一般图书大众化"的出版佳境，出版各类图书20000多种，音像制品、电子出版物1000多种，赢得社会各界广泛赞誉。列选国家重点图书出版规划、国家级规划教材、国家出版基金资助项目等重要项目品种数，位居全国大学出版社前列；先后有1500余种次优秀出版物获得省部级以上奖励，其中17次荣获全国"三大图书奖"；连续四届共7种图书入选"三个一百"原创图书出版工程。

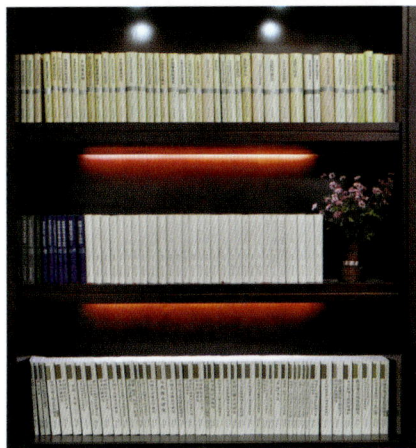

[上] 武汉大学出版社被国家教委、中宣部和国家新闻出版署分别授予"先进高校出版社""全国优秀出版社"荣誉称号，被国家新闻出版广电总局认定为全国"数字出版转型示范单位"。

[下左] 武汉大学出版社数十次荣获国家"三大图书奖"、国家辞书奖、全国优秀科技图书奖、全国教育音像制品奖等重要奖项。

[下右] 1988年，武汉大学出版社在全国大学出版社中率先成立学术著作出版基金，组织出版《武汉大学学术丛书》，累计出版优秀学术著作数百种，赢得学界、业界和读者广泛赞誉。

# 武汉理工大学出版社

## Wuhan University of Technology Press

武汉理工大学出版社成立于1987年4月，拥有图书、互联网、电子出版物等多项出版权。

自建社以来，武汉理工大学出版社秉承"延学界名师，铸教苑精品"的教材出版理念，已出版各类图书5600多种，其中高校教材有近100套4000多种，教材品种涵盖了自然科学、社会科学等各类学科；目前拥有"十一五""十二五"普通高等教育本科国家级规划教材104种、国家级面向21世纪教材27种、国家级"十二五"职业教育规划教材28种、国家职业教育推荐教材92种、住建部高等教育土建学科专业"十二五"规划教材30种；2种教材被遴选为教育部 "2012年精品教材"，3个专业获教育部"中等职业教育专业技能课教材选题立项"，4项教学改革与教材建设课题研究获中国职业技术教育学会和全国交通运输行业职业教育学教学指导委员会科研立项，已经形成了以土木工程与建筑、材料科学与工程学科为品牌，以教材出版为特色的出版优势。武汉理工大学出版社已成为高等学校教材出版中心和国家职业技术教育出版基地。

[上] 武汉理工大学出版社参加各高校组织的教材巡展活动，受到广大师生的热烈欢迎。
[中] 武汉理工大学出版社入选"十一五""十二五"普通高等教育国家级规划教材的部分土建类专业系列教材。
[下] 武汉理工大学出版社入选国家出版基金资助项目的部分学术专著。

# 华中科技大学出版社

Huazhong University of Science &
Technology Press

华中科技大学出版社
Huazhong University of Science & Technology Press

华中科技大学出版社创建于1980年，是教育部直属的全国重点大学出版社，于2007年改制为华中科技大学出版社有限责任公司（简称"华中出版"），是全国最早实现转企改制、市场化运作的高校出版社，同时拥有图书、音像、电子出版物、网络出版物四大出版权。华中出版位于高科技产业集聚的光谷腹地，坐落在环境优美、风景秀丽的国家级大学科技园内，借文化与科技融合之力，乘中国光谷创新勃发之势，已成为全国最具活力和创新力的出版企业之一。

建社近40年来，秉承"超越传统出版，影响未来文化"的经营理念，执着追求出版的本质，华中出版着力打造了一支专业化的出版人才队伍和具备现代企业管理能力的职业化管理团队，建立了"机械""人文社科""医学""电子电气""职业教育""建筑""数字出版""基础教育""大众""法律"等10个分社和3个子公司，拥有8000平方米的现代化办公大楼和超过5000平方米的现代化大型物流基地；历经几代华中出版人的智慧和努力，累计出版新书13000多种，电子、音像、网络出版物7000多种，有近2000种出版物获得各级各类奖励，千余种书畅销海内外并引起重要反响，销售规模和综合实力居于我国大学出版社前列，在全国馆配图书市场占有率中名列前茅。

华中出版积极推进"从内容提供到内容集成，从知识传媒到知识服务，从专业渗透向行业延伸"的拓展策略，在文化创意产业领域不断延伸产业链和价值链，用现代企业的高效管理打造强势的核心竞争力，实施"数字化、专业化、品牌化、国际化"战略，致力于打造国际一流的文化品牌企业。

[上]华中科技大学出版社有限责任公司获全国版权示范单位、全省新闻出版系统先进集体、湖北省出版广电产业示范企业，湖北省新闻出版突出贡献奖等称号；一批图书获中国图书奖等奖励。

[下左]2017年，华中科技大学出版社有限责任公司与武汉科技大学签署合作框架协议，加深与高等院校的合作，立体化开发新教材。

[下右]2017年BIBF期间，我社与Springer Nature集团签署Research on Intelligent Manufacturing系列图书合作协议，通过双方合作出版智能制造领域顶级专家们的精品力作，必将有助于在世界范围内传播中国优秀的学术成果。

# 华中师范大学出版社
## Central China Normal University Press

华中师范大学出版社成立于 1985 年，是一个涵盖文、理、艺术各科，包括学前教育、基础教育、中等教育、高等教育、职业教育等多学科多层次的综合性出版社，由教育部主管、华中师范大学主办。办公大楼在华中师范大学校园内的桂子山上，北眺风景秀丽的东湖，南临景色宜人的南湖，环境优雅，文化氛围浓郁。

在建社 30 多年的时间里，华中师范大学出版社始终坚持把社会效益放在首位，力图实现社会效益和经济效益的统一，高扬"举师范旗帜，铸教育品牌"的出版理念，开拓进取，奋发图强，共出版新产品近万种，获得各类奖励 400 种以上，其中获国家级、省部级奖近百种。产品远销海内外，形成了师范特色和教育品牌，有着广泛的社会影响。随着出版社的发展，国际交往与合作也逐渐增强，已与新加坡、马来西亚、日本、越南、韩国、加拿大、美国等国家建立了业务往来，并实现了版权贸易和出版交流。

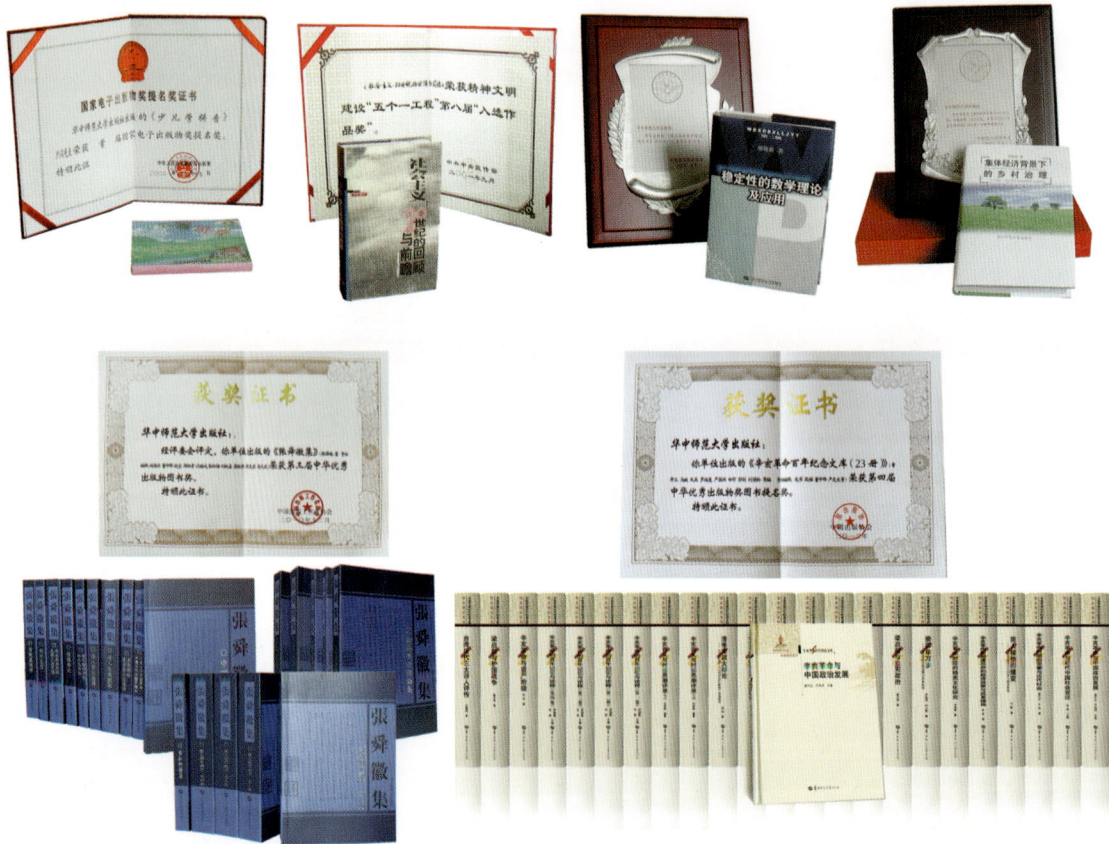

[上图]《少儿学拼音》获首届国家电子出版物提名奖；《社会主义：20 世纪的回顾与前瞻》获全国第八届"五个一工程"入选作品奖；《稳定性的数学理论及应用》获第十三届中国图书奖；《集体经济背景下的乡村治理》获第十四届中国图书奖。

[下左]《张舜徽集》获第三届中华优秀出版物图书奖。

[下右]《辛亥革命百年纪念文库（23 册）》获第四届中华优秀出版物奖图书提名奖。

# 中国地质大学出版社
## China University of Geosciences Press

中国地质大学出版社创建于 1985 年 2 月，地处武汉东湖之畔，南望山麓，是由教育部主管、中国地质大学主办的具有鲜明地球科学特色的学术型教育出版机构。30 多年来，依托国家"211 工程"、教育部"优势学科创新平台"项目建设的教育部直属全国重点大学——中国地质大学，以其优势的学科资源和丰富的人力资源为支撑，编辑出版了包括基础地质、资源勘查工程、勘察技术与工程、环境地质工程、区域地质调查、地质灾害防治、珠宝首饰等学科专业一系列学术专著和重点大学本科教材；同时，积极参与和支持职业院校实施"项目教学""非专业能力培养"等教育教学改革，策划出版了相应的系列教材。已出版的图书中，有 200 多种获国家级、省部级以上奖项，其中有 6 种图书分别获得国家第一、二、四届"三个一百"原创出版工程奖、1 种获得第六届中华优秀出版物提名奖、2 种获国家出版基金资助项目、2 种获湖北出版政府奖等。

中国地质大学出版社坚持为社会主义服务、为人民服务的出版方针；坚持"学术为本，教育立社"的办社理念；以地学教育和学术出版为基础，强化珠宝文化建设，大力开发职业教育项目，积极拓展地学科普市场，以人为本，数字出版，坚定不移地走专、精、特、新的发展道路。多年来的发展，已拥有一支年龄、职称、专业结构合理，策划、编辑、营销、质控人才齐全，专兼职比例适当的出版专业队伍，组建了有 40 多位校内外专家参加的出版社专家委员会。业务覆盖全国 90% 以上省 ( 自治区、直辖市 )，在地矿、珠宝、建筑等行业具有广泛的影响力。

[上] 本社出版图书近年来荣获的各类荣誉证书。

[左下]《铁路岩溶工程地质勘查技术》等 6 种图书分别获得国家第一、二、四届"三个一百"原创出版工程奖。

[下中]《中国典型城市环境地质图集》获得第六届中华优秀出版物提名奖、2016 年优秀地图作品装帧奖铜奖。

[下右]《中国重要经济区和城市群地质环境图集 (6 册 )》获得第三届湖北出版政府奖、2016 年优秀地图作品装帧奖银奖，入选 2016 年湖北省"8·20"工程重点出版选题、2014 年湖北省学术著作出版专项资金资助项目。

# 湖南大学出版社
## Hunan University Press

湖南大學出版社
Hunan University Press

　　湖南大学出版社建于1985年，系教育部主管、湖南大学主办的教育类学术型专业出版社，以出版相关学科的教材、教参、专著、工具书及一般社会文化读物为主，年新出图书300余种，并具有音像电子和网络出版资质。

　　湖南大学出版社以"服务教育、创新文化"为办社理念，坚持"专、精、特、新"的发展方针和"以大中专教材为主体，以学术著作和一般读物为两翼"的产品战略。质量立社，精品迭出。其中设计艺术板块和书院文化、湖湘文化板块形成了一定规模和特色。"十一五"以来，湖南大学出版社承担国家重点图书出版规划项目24项，承担国家出版基金项目8项，出版的图书中获得中国图书奖1项，中华优秀出版物奖2项，中国出版政府奖2项等国家级奖项，数十种专著、教材、读物获省部级优秀专著、教材、读物奖。2017年1月湖南大学出版社获评第二届湖南出版政府奖先进出版单位奖。

[上]湖南大学出版社部分获奖证书。
[下]湖南大学出版社国家出版基金资助项目。

# 湖南师范大学出版社
## Hunan Normal University Press

湖南师范大学出版社
HUNAN NORMAL UNIVERSITY PRESS

　　湖南师范大学出版社创建于1989年4月20日，系全国百佳图书出版单位、国家一级出版社，具有图书、期刊、音像、互联网出版资质，现设有办公室、总编室、财务部、编辑部、对外合作中心、教材开发中心和营销中心七大职能部门，拥有总建筑面积17000余平方米的现代化出版大楼。

　　湖南师范大学出版社建社20多年来，以"立足教育，传播文化，传承文明，壮大产业"为办社宗旨，始终坚持正确的出版导向，以自强不息、敢为人先的精神，努力打造"湖湘文化研究"出版重镇和"学科奥赛"出版阵地，逐步形成了社科学术经典、大中小学教材、教师教育和中小学教辅类图书等特色图书板块。

　　建社以来已出版图书3800余种，其中有国家"九五""十五""十一五""十二五""十三五"重点图书出版项目二十余项，国家出版基金项目8项，《洞庭湖脊椎动物监测及鸟类资源》《黑洞物理学》《中国基础教育60年》等多种图书获国家级奖励，先后有《三国志今注今译》《三千年人物智慧故事》《数学奥林匹克专题研究》等数十种图书被新加坡、韩国等国家以及中国台湾的出版机构引进版权，《湘方言研究系列丛书》被澳大利亚、马来西亚等国家高等学校作为教材使用。《思想品德》（7-9年级）通过教育部评审，面向全国发行；出版的省编地方教材有《体育与卫生》《初中信息技术》《写字》等。社办期刊《科学启蒙》创刊于1996年，荣获第二届中国出版政府奖期刊奖提名奖，2013年和2015年被国家新闻出版广电总局推荐为"百强报刊"。

[上] 湖南师范大学出版社荣获全国百佳图书出版单位，《洞庭湖脊椎动物监测及鸟类资源》荣获第二届中华优秀出版物图书提名奖，《黑洞物理学》荣获第十三届中国图书奖，《科学启蒙》荣获第二届中国出版政府奖期刊奖提名奖、第三届国家期刊奖百种重点期刊等称号。
[下左] 湖南师范大学出版社参加第二十四届北京国际图书博览会，湖南省委宣传部、省新闻出版广电局领导莅临我社展台指导工作。
[下右] 湖南师范大学出版社现任社领导班子。

# 中南大学出版社
## Central South University Press

中南大学出版社 www.csupress.com.cn

中南大学出版社（原中南工业大学出版社）成立于1985年6月，是承担图书音像互联网出版和学术期刊出版的教育类学术性的专业出版社。

30多年来，中南大学出版社在坚持社会效益第一的前提下，努力寻求社会效益与经济效益的最佳结合点，走出了一条具有自身特色的出版之路。特别是充分依托中南大学的学科专业优势和人才优势，以学术为本，注重特色出版和品牌建设，力争在有色金属、医学和铁道等三个特色图书板块的开发和建设中，实现优势出版资源与核心出版能力的有效融合。有色金属出版作为中南大学出版社的特色出版板块，目前已有8种有色金属图书荣获国家级图书大奖，另有200多种选题入选"十一五""十二五"等国家级重点出版规划。近年策划组织的"有色金属理论与技术前沿丛书"，共100种选题，全面、系统地展示了有色金属前沿理论与先进成果，覆盖了有色金属地质、采矿、选矿、冶金、材料和机电等学科领域，该项目在2017年首届国家出版基金项目验收中被评为"优秀"。

近年来，中南大学出版社大力发展数字出版，实施了重大数字出版项目——"中国有色金属在线"，自主建设"复合数字出版平台"，实现了有色金属图书、期刊、电子书、数据库同步出版，在此基础上开发制作《中国有色金属知识库》，并于2012年获得"首届湖南出版政府奖"网络出版物奖正式奖，2014年获得"第三届中国出版政府奖"网络出版物奖正式奖，2017年获得"第二届湖南出版政府奖"网络出版物奖特别奖，取得了显著的社会效益。

在学术期刊出版方面，《中国有色金属学报》《中国有色金属学报（英文版）》《中南大学学报（自然科学版）》《中南大学学报（英文版）》《中南大学学报（医学版）》《中南大学学报（社会科学版）》《临床与病理杂志》《铁道科学与工程学报》等分别为国内外著名和知名的品牌学术期刊，在同类期刊中名列前茅，被美国《科学引文索引》（SCI）、《工程索引》（Ei Compendex）、《化学文摘》（CA）、美国医学文献分析与联机检索系统（MEDLINE）及其《医学索引》（IM）收录，荣获国家期刊奖、中国期刊方阵双高期刊、百种中国杰出学术期刊、中国高校精品科技期刊、全国百强社科学报等多种荣誉称号。

[上] 中南大学出版社获全国优秀科技图书奖、国家图书奖（提名奖）、中国出版政府奖（图书奖）、首届中华优秀出版物奖（图书奖）、湖南出版政府奖（图书奖）等部分奖励。
[下] 中南大学出版社众多优秀学术期刊中的部分代表。

# 广西师范大学出版社
## Guangxi Normal University Press

GUANGXI NORMAL UNIVERSITY PRESS GROUP CO.,LTD.
广西师范大学出版社集团有限公司

广西师范大学出版社于1986年在桂林成立，2009年改制组建广西师范大学出版社集团，成为中国首家地方大学出版社集团、广西首家出版集团。继2014年收购澳大利亚视觉出版集团之后，2016年又成功收购英国ACC出版集团，领先建成具有成熟的完整产业链的跨国出版集团。现拥有分别位于桂林、北京、上海、深圳、南宁等地以及新加坡、澳大利亚、英国、美国、克罗地亚等国家的30多家公司，海内外员工千余人。

广西师范大学出版社始终以"开启民智，传承文明"为出版宗旨，以"为了人与书的相遇"为使命，以"出好书"为精神理念，切实把社会效益放在首位，发展形成了教育、人文社科、珍稀文献和艺术设计四大优势出版板块，塑造了"突出主业，多元发展"的战略发展格局。共有20多种图书荣获"五个一工程"奖、国家图书奖、中国出版政府奖、中国图书奖和中华优秀出版物奖等国家级图书大奖，被国家教委（教育部）评为全国高校教材管理先进集体、先进高校出版社，被新闻出版总署（国家新闻出版广电总局）评为良好出版社、先进出版单位。曾被评为深圳读书月"年度致敬出版社"、上海书展"最有号召力的出版社"、北京图书订货会"读者最喜爱的出版社"。广西师范大学出版社正以更为昂扬奋发的姿态朝着富有人文关怀和创新精神，具有世界影响力和美誉度的国际文化机构这一发展愿景迈进。

[上] 广西师范大学出版社出版的精品图书。
[下左] 2016年，由广西壮族自治区新闻出版广电局主办，广西师范大学出版社集团承办的2016年秀峰出版高端论坛在桂林举行。
[下右] 2017年，北京BIBF期间，广西师范大学出版社集团推出了"走出去"品牌"艺术之桥"，"艺术之桥"将被建设成中国艺术与设计国际传播的共享平台。

# 中山大学出版社
## Sun Yat-sen University Press

中山大學出版社
SUN YAT-SEN UNIVERSITY PRESS

中山大学由孙中山先生创办，有着一百多年办学传统，是一所具有人文社科和理医工多学科厚实基础，国内一流、国际知名的现代综合性大学。中山大学出版社是中山大学的直属单位，成立于1983年，1997年中山大学音像出版社并入中山大学出版社。

中山大学出版社以"服务大学、服务社会"为建社宗旨，将"大学出版社是大学学科建设的窗口"视为己任，以多元化、专业化、国际化建设为目标，近年来更是确立"精品立社，项目强社"的发展战略，连续6年获得国家出版基金项目，以及一批国家级、省部级重点图书出版规划项目和规划教材，品牌影响力逐年凸显。

自成立以来，中山大学出版社共出版图书6000多种，获得国家级、省部级各类图书奖上百种次，在读者群中树立了良好的品牌形象。近年来图书品种（含重印书）逐年增加，其中大学教材、教参和学术专著占70%以上，作者群遍布全国各省、市、自治区乃至海外。为一批名家出版一批名著成为中山大学出版社的永恒追求。

[左] 徐劲社长、周建华总编参加霍英东教育基金会成立三十周年纪念大会，并与霍英东教育基金会就"广府文化"研究达成合作意向。

[右] 法国STOCK出版社社长 Manuel Carcassonne 到访中山大学出版社并签订战略合作协议。

# 暨南大学出版社

**Jinan University Press**

暨南大学出版社创建于1989年，是国务院侨务办公室主管、暨南大学主办的综合性大学出版社，秉承"价值出版、文化传承"的出版理念，以"为教学科研服务，为侨务工作服务"为己任，出版物发行遍及东南亚、欧洲、北美等多个国家和地区。

在"专业化、数字化、国际化"发展战略引领下，逐步树立华侨华人出版品牌，不断提升在岭南文化、语言学、新闻传播等领域的影响力。华侨华人选题连续入选国家级、省部级主题出版项目；获国家出版基金十余项，近30种图书入选国家重点图书出版规划、普通高等教育国家级规划教材；荣获"国家科学技术进步奖""中华优秀出版物奖"等各类奖项300余项。稳步实施数字化转型升级，获中央文化产业发展专项资金立项资助。连续四年跻身"中国图书海外馆藏影响力出版100强"，位居大学出版社前列。

暨南大学出版社，着眼华人文化传播，立足岭南、面向海外，未来将继续提升"侨"字特色品牌影响力，推出更多人文精品，为传播和弘扬具有影响力的中华文化而不懈努力。

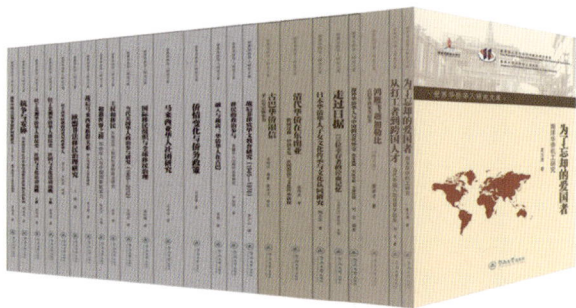

[上]暨南大学出版社荣获的各类奖项。

[下左]2015年，暨南大学出版社与暨南大学华侨华人研究院共同承办"华侨华人与世界反法西斯战争"国际学术研讨会。

[下右]暨南大学出版社"侨"字品牌、国家出版基金资助项目《世界华侨华人研究文库》。

# 华南理工大学出版社

## South China University of
## Technolgy Press

华南理工大学出版社是教育部主管的全国重点大学出版社，自1985年建社以来，始终坚持"服务教育，传承文明，致力原创，追求卓越"的办社目标，积极发挥学校学科和地域优势，形成了具有鲜明特色的以"学术出版""教育出版"和"大众出版"三大板块为主的图书出版结构，已发展成为一家具有较高学术内涵和科技文化品位的、具有良好社会效益和经济效益的高水平综合性大学出版社。

出版社一贯秉承学术立社、教材强社、服务大众、品质第一的出版理念，奉行"为作者服好务、为读者出好书"的工作原则，经过30余年的努力，出版了大批质量上乘、备受好评的"双效"图书，年均出书500多种，截止目前已累计出书8000多种。图书类别涵盖自然科学、工程技术、管理科学、社会科学、人文科学、语言科学、文化教育、艺术科学和医学等，特别是在土木建筑、工程图学、轻工食品、电子电工、经管会计、物流电商、机械汽车等学科专业方面，正逐步形成中专—高职—本科—研究生的多层级特色教材体系。目前，常备图书品类达2000种，其中高校教材逾1000种，图书销售网点遍及祖国大江南北。

截至目前出版社已获得各级各类奖项700多项，其中包括中国图书奖、教育部社科成果奖、南粤出版奖、全国优秀畅销书等国家级、省部级大奖数十项，是广东省内唯一一家连续三年获得国家"三个一百"原创出版工程的出版单位。出版社积极推进传统媒体与新媒体的融合发展，已经建立起纸质图书、音像制品、电子出版和网络出版相结合的多元化发展格局。出版社在云平台与数据库建设领域专业化、产业化特征突出、成果明显，数字出版工作受到业界肯定，2015年1月获得"广东省数字出版转型示范单位"称号。出版社抓住转型期媒体融合的契机，以社会效益为根本，以品牌建设为龙头，立足华南，面向全国，为华南理工大学一流大学建设事业和广东省文化大省建设目标做出应有的贡献！

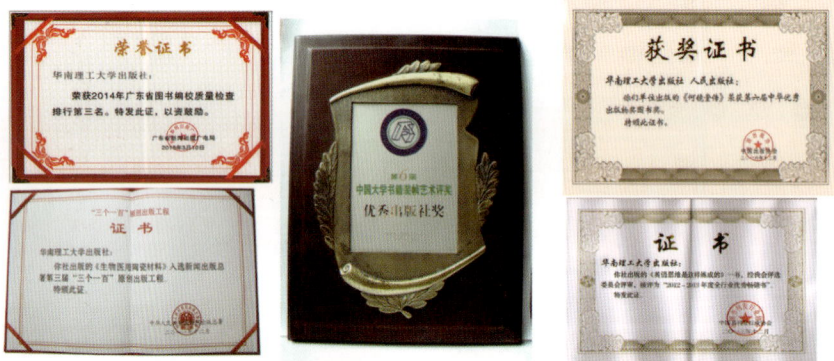

[上] 华南理工大学出版社荣获2014年广东省图书编校质量检查排行第三名；出版的《生物医用陶瓷材料》入选总局第三届"三个一百"原创出版工程；荣获第6届中国大学书籍装帧艺术评奖优秀出版社奖；出版的《何镜堂传》荣获第六届中华优秀出版物奖图书奖；出版的《英语思维是这样炼成的》一书，经中国书刊发行行业协会评选委员会评审，被评为"2012~2013年度全行业优秀畅销书"。

[下左] 2016年1月中国工程院院士、华南理工大学校长王迎军主持召开国家重点出版规划项目审稿会。

[下右] 2017年9月广东省新闻出版广电局钟庆才副局长（右）在出版社卢家明社长兼总编辑（左）的陪同下检查指导工作。

# 湘潭大学出版社
## Xiangtan University Press

湘潭大学出版社座落在一代伟人毛泽东的故乡湖南省湘潭市，由湖南省新闻出版广电局主管，湘潭大学主办。2007年3月成立，现有职工31人，其中高级职称5人，研究生学历达80%，设有编辑部、出版部、发行部、期刊部、总编室、办公室、财务室等职能部门。

出版社秉承"博学笃行，盛德日新"的校训，以出版高质量学术著作和教材为重点，致力打造红色出版品牌。一批图书获国家级奖励和资助，其中，《共和国粮食报告》《新中国粮食工作六十年》入选中宣部、新闻出版总署"庆祝新中国成立六十周年百种重点图书"，《共和国粮食报告》获得第二届中国政府奖（图书奖）提名奖；入围第三届"三个一百"原创出版工程；获湖南省第十一届精神文明建设"五个一工程"作品奖。《中国法律思想通史》获第四届中华优秀出版物图书提名奖。《伟大的民族英雄：毛泽东与抗日战争》获第六届中华优秀出版物图书提名奖。《红藏——进步期刊总汇（1915–1949）》《应用流变学》《中国法律思想通史》《毛泽东文物图集》《如何当好调解员》入选新闻出版广电总局"十二五"重点图书规划项目，《红藏——进步期刊总汇（1915–1949）续编》《南方少数民族乡规民约与社会治理研究丛书》《世界围棋通史》《硅探测器的抗辐射加固技术》入选新闻出版广电总局"十三五"重点图书规划项目，《红藏——进步期刊总汇（1915–1949）》《中国法律思想通史》《如何当好调解员系列丛书》《湖南方言系列丛书》《乡贤文化的前世今生》分别获2010年、2011年、2014年、2016年、2017年国家出版基金资助。

出版社出版期刊三种：《湘潭大学学报（哲社版）》《湘潭大学学报（自科版）》《中国韵文学刊》。其中《湘潭大学学报（哲社版）》为CSSCI来源期刊，全国中文核心期刊。

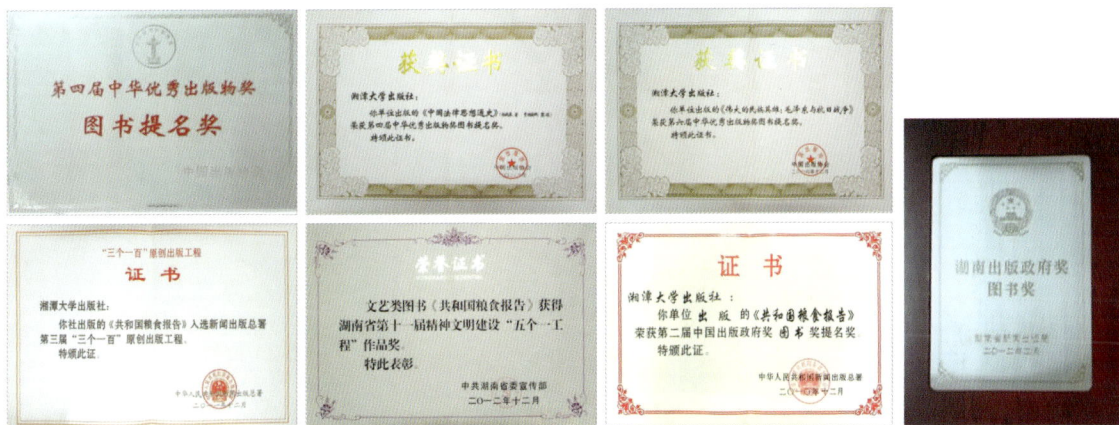

[上] 湘潭大学出版社获中国出版政府奖、中华优秀出版物奖、"三个一百"原创出版工程奖、湖南省"五个一工程"奖等。
[下左]"十二五"重点图书规划项目、国家出版基金资助项目《红藏——进步期刊总汇（1915–1949）》。
[下右]"十二五"重点图书规划项目、国家出版基金资助项目《如何当好调解员系列丛书》。

# 电子科技大学出版社
## University of Electronic Science and Technology of China Press

电子科技大学出版社（成都电子科大出版社有限责任公司）成立于1985年，由教育部主管、电子科技大学主办，是四川省人民政府授予的首批重点文化企业，出版骨干企业，入选2014年四川省数字出版转型示范企业。

目前主要从事出版高等学校及大中专院校教材、教师学术著作；出版科技、经济、文化、少儿、语言、社会科学、生活等类型大众图书；网络（含手机网络）图书、电子出版物、游戏出版等。另设立有全资子公司成都成电开拓文化发展有限公司，主要从事图书策划、大中专教材批销等业务；子公司电子科大（威海）数字出版有限公司，主要从事中小学智慧教育相关数字产品开发及销售，组织开展数字出版"三个一百"工程。

三十多年来，依托被誉为"中国民族电子工业摇篮"的学校相关学科优势，电子科技大学出版社坚持走突出"电子信息科学技术"特色的出版之路，树立了以电子信息领域学科为核心的理工类图书出版品牌，赢得社会的普遍赞誉和良好的经济效益，积极谋划出版一大批具有重要影响力的系列教材和高水平学术专著。至今，已累计出版图书7000余种。《集成电路系统科技创新技术》《天线工程手册》等5个项目获选国家出版基金项目；获选"十三五"等国家重点出版物出版规划项目、四川省重点图书出版规划资助项目等200多项。

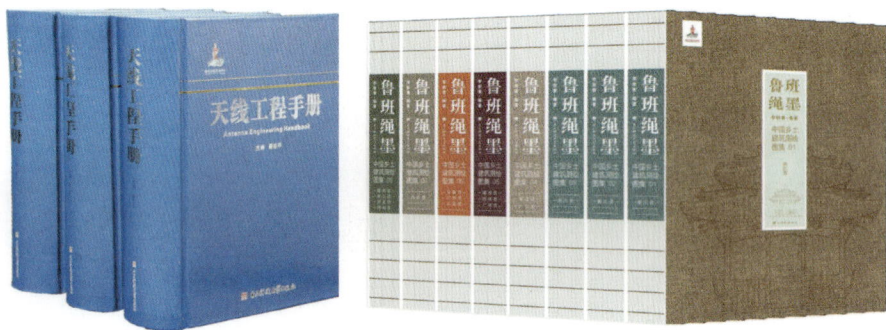

[上左] 电子科技大学出版社国家出版基金项目资助图书：《天线工程手册》。
[上右] 电子科技大学出版社国家出版基金项目资助图书：《鲁班绳墨：中国乡土建筑测绘图集（1—8卷）》。
[下] 电子科技大学出版社2017年团队拓展培训活动。

# 四川大学出版社
## Sichuan University Press

四川大学出版社

四川大学出版社是由教育部主管、四川大学主办的综合性出版社，地处"天府之国"的成都市，独立的办公大楼背靠四川大学望江校区，面向成都市"科技一条街"的科华北路，比邻四川大学国家级"双创基地"，自然环境幽雅，学术氛围浓郁。

四川大学出版社具有国家社科基金后期资助项目出版资质和全国中小学教辅材料主科出版全资质，是四川省首批重点文化企业中骨干企业，以学术出版和教育出版为主体，出版范围涵盖高校各学科门类教材教辅、学术著作，各种市场类读物等，拥有图书、音像、电子及互联网出版权，发行网络遍布西南并辐射全国市场。

四川大学出版社经过30多年的发展，逐步形成了鲜明的出版特色和品牌价值，如古籍、抗日战争史料、新闻传播学、医学、法学、经济学、科学与技术、婚姻家庭、生活技巧、引进版心理学图书等。古籍图书品牌等在国内外有较大的影响和知名度，每年出版新书近千种，取得突出的社会效益与经济效益，先后有百余种图书获得各级各类奖项。自2000年以来，出版了《甲骨文献集成》《儒藏》《宋元地理史料汇编》《宋代诏令总集》《巴蜀全书》等。其中，《儒藏》（已出版363册）是有史以来首次对中国儒学成果和史料进行系统收集和整理的大型文化工程，获得学术界的广泛关注和好评。

[上左] 被誉为"两千年儒学第一藏"的大型丛书《儒藏》由四川大学出版社正式出版。它的出版，将与《大藏经》《道藏》鼎足而立，成为中国传统文化儒、释、道三大思想体系的三座丰碑。
[上右]《宋代诏令全集》荣获第三届中国出版政府奖提名奖。
[中左]《康藏前锋》《康藏研究月刊》《康导月刊》校刊影印全本》为2011年国家出版基金资助项目。《藏茶秘事》荣获2014年四川省"五个一工程"奖。
[中右] 2012年，四川大学出版社荣获四川省政府颁发的"四川省首批重点文化企业骨干企业"称号。
[下] "青少年心理深呼吸丛书"（全4册）荣获第四届中华优秀出版物奖图书提名奖。

# 西南财经大学出版社
## Southwestern University of Finance & Ecomics Press

西南财经大学出版社成立于1985年，由教育部主管，西南财经大学主办。

30多年来，西南财经大学出版社秉承"开财经视野，扬大学文化"的办社理念，持续践行"敬业务实，创新协作，顾客满意，员工快乐"的价值观念，依托高校学者、业界精英、财经名流为主的高水平作者队伍，出版内容独创的精品学术著作，体系完备的财经教材和呈现活泼的财经大众读物5000余种，引进输出图书100余种。其中，300余种图书先后获中宣部"五个一工程"图书奖、中国图书奖、国家新闻出版广电总局"三个一百"原创图书奖、中华优秀出版物奖、全国引进版权优秀图书奖，全球插画奖等荣誉。

近年来，西南财经大学出版社紧跟时代步伐，与时俱进，兴办光华财经书城，开展数字出版业务，完成转企改制，建设"读财天下"财经数字平台，积极探索新媒体时代出版业融合发展的路径，获得"最受欢迎数字出版单位""四川省数字出版转型示范单位""新闻出版百强网站""代言成都书店""读者最喜爱书店""十佳校园书店"等荣誉。

西南财经大学出版社将一如既往，坚持党的出版方针，坚持把社会效益放在首位，实现社会效益和经济效益相统一，开创传统出版和新兴出版融合发展的新局面。

# 西南交通大学出版社
## Southwest Jiaotong University Press

西南交通大学出版社是教育部主管、西南交通大学主办的出版社。1985年始创于秀甲天下之峨眉，钟天地名山精华，渐有博大之气质。后随校迁，立于西南重镇、历史文化名城、国家中心城市——成都。拥有图书、音像制品、电子出版物、网络出版的出版权和进出口贸易权，出版范围涵盖理工农医和人文社科等学科领域。拥有一流的作者群和业务精湛的编辑队伍，全国新闻出版行业领军人才1人、四川省新闻出版行业领军人才2人。被评为中国十大杰出贡献教育出版社、四川省首批重点文化企业骨干企业、中国出版社世界影响力百强。

出版图书接连入选国家重大出版工程项目：国家出版基金（6项21种），新闻出版改革发展项目库（入库项目3项），经典中国国际出版工程（1种），丝路书香工程（4种），国家古籍整理出版资助项目（3项9卷），全国高校出版社主题出版项目（5项12种），"十五""十一五""十二五""十三五"国家重点图书出版规划项目（24项82种），"十一五""十二五"国家级规划、精品教材（27种）。省级重点图书出版规划项目和重点项目达165种。

出版社始终坚持"为教学科研服务、为培养人才服务"的办社宗旨、坚持"诚信、质量、创新、服务"的办社理念，正努力为建设中国轨道交通出版高地和中国高铁特色出版强社而奋进！

[上]《中国民间文化与物理趣味》获科技部奖状，《高速铁路道岔设计理论与实践》获2015年度输出版优秀图书奖、第三届"三个一百"入选证书，《高速铁路道岔设计理论与实践》获第四届"三个一百"入选证书，《高速铁路安全建设工程技术研究及应用系列从（4册）》第五届中华优秀出版物证书。此外，还获得四川省首批重点文化企业骨干企业证书、《汶川大地震工程震害分析》荣获第二届中华优秀出版物奖、《修路一本通》获全国服务"三农"推荐证书，我社阳晓同志获全国新闻出版领军人才证书，我社获中国图书海外馆藏影响力百强证书。
[下左]西南交通大学出版社与印度通用图书公司签订"中国高铁技术系列教材"合作出版协议。
[下中]西南交通大学出版社携手爱思唯尔 全球首部中国高铁英文学术著作面世。
[下右]西南交通大学出版社与爱思唯尔科技出版公司"中国高铁技术出版工程"签约仪式(2016年第23届北京国际图书博览会)。

# 西南师范大学出版社
## Southwest Normal University Press

西南师范大学出版社成立于1985年，是教育部主管、西南大学主办的集图书、电子音像网络出版为一体的综合性大学出版社。在三十多年的发展历程中，出版社不断解放思想、创新机制，形成"以重大项目为龙头，以教材建设为中心，以艺术图书为特色，以学术品牌为支撑，以数字出版为创新，以人才培养为根本，以集团经营求发展"的特色出版理念。出版图书九千余种，三百余种图书获得国家级、省部级等奖励。获全国百佳图书出版单位，中国出版政府奖先进出版单位、优秀出版人物奖等荣誉，取得了良好的社会效益和经济效益。

出版社坚持教材立社、项目强社、精品办社，形成了学术著作、中小学教材、大中专教材、美术音乐图书、教师教育图书等品牌产品。先后承担中共中央、国务院"十一五"文化发展纲要重点出版工程《域外汉籍珍本文库》《中华大典·法律典》《中华大典·农业典》等多项国家重点图书出版规划项目。出版的义务教育课程标准教材小学《语文》《数学》《音乐》和初中《音乐》，在全国多个省市使用。美术、音乐图书成为了特色和品牌。启动"国培计划"全国优秀研修成果数字出版平台等国家重点数字出版项目，融合发展取得新进展。

[上左] 2017年，中宣部出版局到出版社调研。

[上右] 荣获全国百佳图书出版单位、中国出版政府奖先进出版单位、中国十佳教育出版社、全国服务"三农"图书出版发行工作先进单位、重庆市文化产业示范基地、重庆市文化体制改革先进单位等称号。

[下]《域外汉籍珍本文库》《中华大典·法律典》《义务教育课程标准教材》等国家重点项目图书。

# 重庆大学出版社
## Chongqing University Press

重庆大学出版社有限公司

国家一级出版社　全国百佳图书出版单位

重庆大学出版社成立于1985年1月，是国家一级出版社、全国百佳图书出版单位、国家数字出版转型示范单位，也是国家高校教材出版中心和职教教材出版基地；同时具有图书、音像、电子和互联网四种出版权。

迄今，重庆大学出版社已有400余种图书分别获得国家和省部级大奖，其中23种图书获得中国政府图书奖、鲁迅文学奖、科技部全国优秀科普作品等国家级奖项；获得国家出版基金资助项目12项，重庆市出版专项资金资助33项；多种图书被评为"中国最美图书"。先后获得"全国教材建设和管理先进单位""新闻出版系统先进集体""全国服务'三农'图书出版发行工作先进单位"等荣誉称号。

"十三五"期间，重庆大学出版社将践行"夯实基础，控量提质；追求专业，打造精品；服务母体，走向国际；融合发展，转型升级"的战略路径，把出版社建设成企业形象鲜明、重大板块突出、融合发展模式多样、具有较高国际出版能力、运营管理科学的现代出版企业。

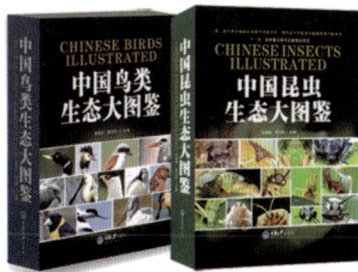

[上左]《中国西南古建筑典例图文史料》 国家出版基金验收评估等级优秀。
[上右]《中国生态图鉴系列》 荣获中国出版政府奖提名奖、中华优秀出版物提名奖。
[下左]《老成都：芙蓉秋梦》 著名作家流沙河讲述"自己的老成都"。
[下中]《艺术类大学英语系列》 "十二五"普通高等教育本科国家级规划教材。
[下右]《万卷方法系列》 跨学科的权威工具书。

# 云南大学出版社
## Yunnan University Press

云南大学出版社

YUNNAN UNIVERSITY PRESS

云南大学出版社成立于1988年，由云南省教育厅主管，云南大学主办。以教育、学术、大众为主要出版特色，出版形式涵盖图书出版、电子出版、音像出版、数字出版和手机出版等，发行网络辐射全国的地方综合性大学出版社。

云南大学出版社在民族学、人类学、东南亚和南亚研究、旅游管理、文化产业研究、经济史、云南地方史、对外汉语教育等学科领域逐渐形成了鲜明的出版特色。

今天的云南大学出版社，正以鲜明的出版特色走向全国，不仅为高校的学科建设和发展、学术研究、文化繁荣做出了应有的贡献，而且为自身的未来发展奠定了坚实的基础。

[上]获得国家五部委颁发的2013～2014年度国家文化出口重点项目——"面向东南亚、南亚、西亚文化出版基地"及2015～2016年度国家文化出口重点项目"中国–东南亚语言学习出版项目"。

[下]云南大学出版社立足云南，为繁荣云南民族文化服务，为中国与东南亚、南亚、西亚的交流合作服务；立足云南高校，构建出版特色和学术品牌，并以此带动高等教材、教学参考书的出版，努力为中国高等教育的发展提供优良的出版服务。

# 贵州大学出版社
## Guizhou University Press

贵州大学出版社
Guizhou University Press

  贵州大学出版社成立于 2007 年,建社以来,始终秉承"传播知识、弘扬理性、传承文化、守望精神"的办社宗旨,围绕党和国家的工作大局,服务学校的中心工作,依托贵州大学的综合优势,出版了一大批高质量、多学科、多层次的高校教材、学术专著,以及涉及人文、历史、民族等领域的各种类型的优秀图书,始终站在教育和科技发展的前沿,逐步形成了自己的品牌和特色。

  出版社是传播知识、传承文化的重要阵地。建社以来,贵州大学出版社始终坚持社会效益优先的原则,策划出版了千余种图书,有多种获得了国家级、省级重点工程的立项。其中《现代世界佛学文库》《贵州少数民族经典遗存》等书先后入选"十二五""十三五"国家重点图书、音像、电子出版物出版规划;《侗族叙事歌二十首》《彝汉文辑夜郎史传秘本》《苗族十二路大歌》等图书入选"向全国推荐百种优秀民族图书",并被列入"全国高校出版社主题出版物";《彝文古籍夜郎文化史料辑译》入选国家"十二五"少数民族语言文字出版规划图书增补项目;《贵州世居少数民族文化源流史》丛书入选"十三五"国家重点图书出版规划增补项目;《〈汉语大词典〉商补续篇》《郘亭知见傳本书目莫繩孫稿抄本(點校本)》《国际视野中的贵州人类学(第四辑)》等精品图书获国家出版基金资助;《海与人》荣获全国"第四届中国大学出版社图书奖优秀畅销书二等奖"。

[上]《现代世界佛学文库》入选国家"十二五"规划重点图书,是响应国家"文化大发展大繁荣"的重点出版工程。《文库》收录了中国大陆及台湾地区、日本、欧美的佛学研究界在过去两百年中的标杆性作品,涵盖三大语系——汉语、藏语和巴利语的佛学研究,内容涉及佛教教义、历史及相关社会文化。这些经典著作从一个侧面反映了佛学对东亚文明,以至对世界文明的影响与贡献。

[上左] 本系列图书是国家"十三五"规划项目,是贵州少数民族珍贵的民族文化遗产,承载贵州少数民族人民重要的生活方式,再现了他们的精神寄托。

[下右]《郘亭知见傳本书目莫繩孫稿抄本(點校本)》,以国家图书馆珍藏的莫绳孙抄录其父的《郘亭知见传本书目》唯一原抄本作为底本进行重校,再现了莫子偲《郘亭知见传本书目》这一名著的原书原貌,真实呈现其祖本的文献学价值,为学术界提供一本原汁原味的莫子偲《郘亭知见传本书目》,在推动文献学、中国文化传承发展研究上有着积极的意义和影响。

# 陕西师范大学出版总社

## Shaanxi Normal University General Publishing House

陕西师范大学出版总社由原陕西师范大学出版社、杂志社、电子音像出版社转企改制合并组建，是集图书、期刊、电子音像、数字出版、教育文化服务于一体的综合出版传媒机构。建社32年来，始终以"刊书载道，立社弘文"为宗旨，在人文学术、大众文化、基础教育、高等教育等出版领域形成了鲜明的特色，具有较高的市场影响。出版的一大批图书荣获国家图书奖、中华优秀出版物奖、鲁迅文学奖、中国好书等重大奖项。

由语文、政治、数学、物理、化学、历史、地理、生物8学科组成的中学教学参考系列期刊，已有45年办刊历史，在中国同类期刊中销量和影响力均名列前茅，8种期刊全部被国家新闻出版广电总局认定为学术期刊，其中7种先后入选全国中文核心期刊。

积极响应"走出去"战略，已与俄罗斯、美国、韩国等国家的出版机构建立合作关系，拓展版权业务。引进版权图书两百余种，输出版权图书近百种。组建伊朗分社，成立俄语、小语种翻译出版基地，文化·文学"走出去"译介出版基地。2015年被陕西省版权局授予陕西省版权示范单位称号，2016年被国家版权局授予全国版权示范单位荣誉称号，2017年被中国版权协会授予2017中国版权年度最具影响力企业称号。

[上]陕西师大出版总社荣获全国版权示范单位，图书荣获国家图书奖、中华优秀出版物奖、鲁迅文学奖、中国好书等重大奖项。

[下左]2015年，在陕西师大出版总社建社三十周年"感恩出版 致敬作者"座谈会上，中国古典文学研究专家霍松林（右二）、著名历史学家张岂之（左二）等30余位作者被评为总社"荣誉作者"。

[下右]2017年，在北京国际图书交流博览会上，陕西师大出版总社与西安外国语大学东方文化语言学院、阿拉梅塔巴塔巴依大学出版社签署共建陕西师范大学出版总社伊朗分社协议。标志着陕西师大出版总社"走出去"又迈出了坚实一步。

# 西安交通大学出版社
## Xi'an Jiaotong University Press

西安交通大学出版社

XI'AN JIAOTONG UNIVERSITY PRESS

西安交通大学出版社1983年由文化部批准成立，西安交通大学音像出版社1986年由广播电影电视部批准成立。1998年西安交通大学出版社与西安交通大学音像出版社合并，成为具有图书、音像、电子、互联网出版资质的综合性大学出版社。建社34年来，共出版图书万余种，音像制品1000余种，电子出版物300余种，出版物中有300余种获国家、省、部级奖励，2009年获"全国百佳图书出版单位"称号。

西安交通大学出版社一直坚持"为教学科研服务"的办社宗旨，坚持社会效益首位、实现社会效益和经济效益相统一的原则，依托百年名校西安交通大学，积极服务西部地区和其他地区高校以及科研单位，先后组织出版了一大批反映最新教学和科研成果的高水平教材、学术专著和教学参考书；发挥人才优势，出版了一系列具有影响力的教育类畅销品种；关注新媒体、新业态，推动出版社数字化转型，多个数字出版项目入选国家新闻出版广电总局新闻出版改革发展项目库；推进"走出去"和版权引进工作，与多家国际知名出版机构签署战略合作协议，共同打造高水平的大学教材和学术专著。

[上左]西安交通大学出版社先后获得全国百佳图书出版单位、先进高校出版社、陕西省新闻出版行业文明单位等称号。
[上右]西安交通大学出版社出版物先后获得国家图书奖、中国图书奖、中华优秀出版物图书奖、全国优秀科技图书等奖项。
[下左]西安交通大学出版社与施普林格出版集团、剑桥大学出版社、牛津大学出版社等国际知名出版机构加强合作与交流。
[下右]西安交通大学出版社召开国家出版基金项目启动仪式和审稿会议。

# 西安电子科技大学出版社
## XIDIAN UNIVERSITY PRESS

西安电子科技大学出版社
http://www.xduph.com

西安电子科技大学出版社成立于1983年，是教育部直属的全国重点大学出版社，是国内知名的以出版电子、通信、计算机、机电类教材及科技图书为主的专业出版社，在电子科技出版领域享有较高声誉，多次荣获国家和陕西省的表彰及奖励。

建社30多年来，我社始终坚持为教学科研服务、图书质量第一、社会效益第一的办社宗旨，积极推动产品创新，出版了以电子信息技术为主的研究生、大中专教材、专著和科技图书等5000余种。在已出版的各类教材及专著中，《计算机操作系统》《数字信号处理》《移动通信》《计算机系统结构》《通信网的安全理论与技术》《天线结构分析、优化与测量》等300多种图书获得国家和省、部级奖励，且入选普通高等教育"十一五"国家级规划教材和普通高等教育"十二五"国家级规划教材的优秀教材数名列前茅。2017年，我社出版的《电子设计可靠性工程》一书荣获第四届中国出版政府奖提名奖。

近年来为适应国家高等教育事业发展的需要，我社在原有国家规划教材的基础上，着力组织编写和完善了研究生、本科、高职高专、中专等各个层次数十个系列的计算机、电子、通信、机电、建筑、经管等专业的教材，已成为国内电子信息类教材的主要出版单位。

面临新的机遇与挑战，西安电子科技大学出版社将秉承"求品质、塑品牌、重服务"的出版理念，进一步改革创新，奋发进取，为积累、传播、普及电子信息技术，为推动我国的高等教育事业的发展，为繁荣我国的文化出版事业，做出我们的贡献！

[图1]   [图2]   [图3]   [图4]

[图1] 2017年西安电子科技大学出版社网络空间安全专业教材评审会。

[图2] 2011年全国高校物联网及相关专业教学指导小组第四次工作会议。

[图3] 2016年红色文化基因和社会主义核心价值观代际传承协同创新战略合作启动仪式。

[图4] 2014年西安电子科技大学出版社高等学校应用型本科规划教材评审会。

# 西北大学出版社
## Northwest University Press

西北大学出版社
Northwest University Press

　　西北大学出版社成立于1983年6月，由陕西省教育厅主管，西北大学主办，是我国西部地区成立最早的全国重点综合性大学出版社。30多年来，西北大学出版社始终坚持"立足高等教育，为教学科研服务；面向社会，为文化建设和改革发展服务"的办社宗旨，出版图书5000余种，两百余种图书获得国家级、省部级奖励，形成了以思想学术与历史文化为特色的图书品牌。

　　西北大学出版社秉承"以教材立社，以学术著作强社"的发展理念，紧跟教育教学改革和发展步伐，配合教改实践，打造精品教材，提升核心竞争力，出版了学前教育、基础教育、职业教育、高等教育等领域教材千余种，为教学改革、学科建设和人才培养发挥了积极作用；不断优化选题，凝练方向，出版了以《关学文库》《世界毒物全史》《精神译丛》《中国思想史》以及《寒武大爆发时的人类远祖》等为代表的优秀学术著作和畅销书，赢得了学术界和广大读者的好评。

[上左]西北大学出版社获中华优秀出版物奖、全球华人国学成果奖、陕西省新闻出版行业先进集体等奖励。
[下左]2002年7月2日，西北大学出版社在人民大会堂举行《当代中国乡村治理与选举观察研究丛书》首发式暨座谈会。
[上右]2006-2017年，西北大学出版社陆续翻译出版美国第39任总统吉米·卡特所著《我们濒危的价值观：美国道德危机》等多部图书。2007年，吉米·卡特在北京会见马来社长，并为出版社题词。
[下右]2015年11月15日，西北大学出版社在北京召开"十二五"国家重点图书出版规划项目《关学文库》首发暨研讨会。

# 第四军医大学出版社

## Fourth Military Medical University Press

第四军医大学出版社成立于2001年，作为军队社、大学社和医学专业出版社，出版社坚持"服务军队，服务医学事业"的出版宗旨，秉承"传播医学知识、推动医学普及"的办社理念，形成了"以医学教材为主体，以专著和科普为两翼"的出版体系。成立16年来，出版图书2000余种，百余种图书获得国家级、军队及省部级奖励。出版社先后获得陕西省宣传思想文化"创新奖"、省行业文明单位、省行业先进集体、全民阅读活动先进单位和学校基层建设先进单位等多项荣誉。

先后承担普通高等教育"十五""十一五""十二五"国家级规划教材53种，打造的"中职护理专业'双证书'人才培养教材""农村医学专业教材"等职业教育教材，属国内首创，产生了良好的品牌效应，赢得业界高度评价。依托本校的优势资源，开发了多项重点医学学术著作及优秀科普作品，其中承担国家出版基金项目6项、陕西出版资金项目12项，在多个领域填补了市场空白，取得良好社会效益。出版的《大规模杀伤性武器与恐怖袭击应对手册》等军事医学学术著作及科普图书，为推动我军卫勤现代化、实战化水平提升及保障官兵健康提供了重要指导和参考。

[上]第四军医大学出版社荣获陕西省新闻出版行业先进集体、陕西省新闻出版行业文明单位、陕西省宣传思想文化工作创新奖等荣誉。
[下]第四军医大学出版社近年出版的军事医学著作及国家级、省部级基金项目。

# 西北工业大学出版社
## Northwestern Polytechnical University Press

西北工业大学出版社创建于1985年2月，是由国家工业和信息化部主管，由国家"985工程"全国重点大学西北工业大学主办，集图书、音像、电子和互联网出版为一体的大学出版社。2010年11月，改制为西北工业大学出版社有限公司。

出版社一贯坚持以德立社、人才强社、依法理社、合作兴社的办社理念，坚持为高等教育的教学科研服务，为学科建设和人才培养服务，为国防科技工业科研生产服务的办社宗旨。迄今已出版图书5000余种，电子图书2500余种，音像制品700余种，在航空、航天、航海、材料科学与工程、机械工程、控制科学与工程、电子科学与技术、计算机科学与技术、信息与通信技术等学科领域有着广泛的影响。

建社30多年来，共获得各类出版物奖329项，包括全国优秀学术著作及教材奖、中国图书奖、陕西省以及行业协会等省部级奖，出版社被中共陕西省委、省政府表彰命名为全省"创佳评差"竞赛活动最佳单位。

"十三五"期间，出版社将努力加强特色品牌选题体系的构建和人才队伍的建设，实现创新发展，逐步成为能够提供优质内容的知识型服务商。

[上]西北工业大学出版社获奖证书及奖牌。
[下左] 国家重点图书规划项目、国家出版基金、陕西出版资金精品项目图书。
[下右] "阅读中国·书香社会"肖云儒新书《丝路云履》分享会。

# 西北农林科技大学出版社
## Northwest A&F University Press

  西北农林科技大学出版社是由教育部主管，西北农林科技大学主办的一家大学出版社。自出版社成立以来，始终坚持"质量立社，精品强社"的办社方针，在发展中逐步确立了以出版农林类各级教材为中心，以学术专著和农业实用技术图书出版为重点的出版方向。

  截至目前已出版各类图书1000余种，其中4部为普通高等教育"十一五"国家级规划教材；承担了普通高等教育"十五""十二五"和"十三五"国家重点图书规划项目各一部。另外还有多部教材获得陕西省教育厅和中国大学版协的优秀教材奖。特别是出版社紧紧依托学校和杨凌农业高新技术产业示范区农业科教优势，坚持"以农为本、以农为先"的经营理念，经过多年的精心打造，逐步形成以农业科技教育图书为品牌的出版特色和专业形象。并在2006年荣获"全国新闻出版行业服务社会主义新农村建设出版发行先进集体"荣誉称号。逐步形成了"专、精、特、新"的出版特色，取得了较为明显的社会效益和经济效益。

[上] 我社荣获各类先进单位荣誉称号。

[下左] 2015年我社在学校设立"文华奖学金"，资助困难学生完成学业。

[下右] 近年来我社出版的部分特色农业实用技术图书和优秀学术专著。

# 兰州大学出版社
## Lanzhou University Press

兰州大学出版社创建于1985年1月，是由教育部主管、兰州大学主办的学术型、教材型大学出版社。按照中央深化体制改革的精神和教育部的部署，2010年10月完成转企改制，成立兰州大学出版社有限责任公司。兰州大学出版社遵循"弘扬优秀文化，推动教学科研，促进经济建设"的办社宗旨，依托兰州大学，立足西北，面向全国，放眼世界，充分发挥兰州大学的人才和学科优势，积极争取国内外专家学者的支持合作，有效利用区域内独特的文化出版资源，主动参与图书市场竞争，出版了一批高水平的大中专教材、学术著作、基础教育教材教辅、人物传记、工具书、古籍整理图书和科普读物，成为西北地区重要的学术著作和各类教材出版基地。

三十多年来，兰州大学出版社出版各类图书5000余种，产品结构逐年优化，各类教材、学术著作和工具书占编辑出版图书总数的60%以上。近几年来，兰州大学出版社一直注重各级各类教材和教学辅助用书的出版，同时，加强对社会科学和自然科学学术著作的出版，并注重特色图书产品体系和精品工程建设，精心组织策划主题出版、西北资源环境、历史地理、民族宗教及其他优秀社会科学读物的出版，推出了"欧亚历史文化文库""兰州大学学术文库""中亚与西北边疆研究丛书"等一批具有代表性的品牌产品。先后有400多种图书荣获国家和省部级奖励。两部图书入选国家"三个一百"原创图书出版工程。一种图书获中宣部等十部委推荐的100种优秀道德品德读物。

[左上] 兰州大学出版社所获部分荣誉。
[左下] 2003年8月5日，时任甘肃省委常委、宣传部长陈宝生（左一）参观图书展台。
[右上] 原国家新闻出版总署副署长刘杲视察指导工作。
[右中] 2010年11月4日，时任甘肃省委常委、宣传部部长励小捷（左）和时任兰州大学校党委书记王寒松共同为兰州大学出版社有限责任公司成立揭牌。
[右下] 2013年6月8日《中国新闻出版报》总编辑马国仓（右二）莅临调研。

# 新疆大学出版社
## Xinjiang University Press

新疆大学出版社

XINJIANG UNIVERSITY PRESS

新疆大学出版社成立于 1986 年 11 月 18 日，是新疆维吾尔自治区新闻出版广电局统一领导、新疆维吾尔自治区教育厅主管、新疆大学主办的新疆唯一一家大学出版社。

新疆大学出版社以出版学术著作和高校教材为品牌，以出版新疆地域性、多民族文化图书为特色。少数民族文种出版物一般占 60% 以上。

经过 30 多年的发展，新疆大学出版社正在成为新疆具有"精""尖""特""同"鲜明特征的出版社。2008 年以来，发展步入良性发展轨道。**获自治区级及以上重要奖励 39 项**。其中获中国出版政府奖 2 项；获新疆维吾尔自治区图书奖 18 项；获中国大学出版社图书奖 5 项；获"向全国推荐的百种优秀民族图书""向全国老年人推荐优秀出版物""中华优秀出版物奖"等 10 项；2 次获新疆维吾尔自治区先进单位奖。**在政府图书项目上收获丰厚**。其中 4 种 27 本图书入选国家出版基金资助项目；2 种图书入选国家"走出去"图书出版项目；2 种图书入选国家少数民族语言文字精品图书出版项目；10 种 20 本图书入选"新疆文库"；2 种 19 本图书入选新疆维吾尔自治区庆祝新中国成立 60 周年重点图书，4 种 8 本图书入选区新疆维吾尔自治区成立 60 周年重点图书，1 种 4 本图书入选国家庆祝新中国成立 66 周年重点图书。**重视数字出版建设**。通过财政部"新疆大学出版社数字出版平台建设"项目和新疆维吾尔自治区"新疆大学出版社东风工程二期民文数字出版设备采购项目"，建立了数字出版平台。

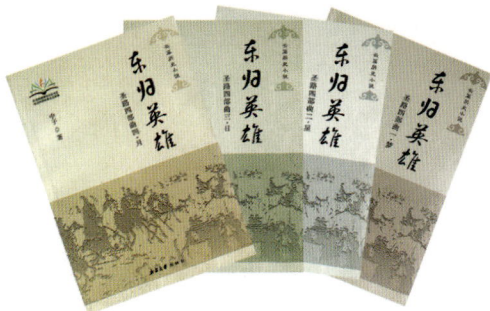

# 高等教育出版社
## Higher Education Press

高等教育出版社

作为新中国最早设立的专业教育出版机构，高等教育出版社（以下简称高教社）已经走过了60余年的历史。伴随着新中国教育事业的不断发展壮大，高教社始终坚持"植根教育、弘扬学术、繁荣文化、服务社会"的办社理念，已经发展成为以出版高等教育、职业教育、成人及社会教育等教育类、专业类、学术类出版物为主，产品形态囊括图书、音像制品、电子出版物、网络出版物及期刊的综合性大型出版社，为我国教育事业的改革与发展、为出版文化事业的繁荣作出了重要的贡献。

高教社在出版物质量，出版规模，市场占有率，产品数字化、国际化以及综合实力等方面都处于中国出版行业领先地位，在中国单体出版社竞争力排名中位列前茅，并成为唯一入围全球出版50强的中国单体出版机构。高教社年出版各类出版物近万种，图书销售码洋超过32亿元，图书销售册数逾1亿册，24个语种版本的多种国际型产品行销世界60个国家和地区，是中国版权输出领先的出版社，也是国内唯一获得"世界知识产权组织创意金奖——单位奖"的出版机构。作为中国教育出版的国家队和主力军，高教社担当重任、不辱使命。

高教社的发展壮大，离不开历代党和国家领导人的亲切关怀，离不开教育部的正确领导，离不开全国各级各类院校师生及广大作者与读者的厚爱和支持。面对激烈的市场竞争，高教社将始终坚持企业属性、教育属性、文化属性相统一，坚持社会效益和经济效益并重，将体制改革、机制创新与业务转型、实现科学和可持续发展紧密结合，积极迎接数字化浪潮，不断打造与时俱进的优秀精品力作，为科教兴国战略的顺利实施、为全面建成小康社会、为实现中华民族伟大复兴的中国梦再建新功！

[左] 马工程重点教材由党中央决定实施，中宣部和教育部组织编写，覆盖马克思主义理论、哲学、政治学、法学、文学、历史学、新闻学、经济学、教育学、艺术学等哲学社会科学专业核心课。高等教育出版社承担了绝大部分马工程重点教材的出版任务，目前已出版50余种。
[右] 在"互联网＋"的大背景下，高等教育出版社大力推进传统教材与在线开放课程、在线资源库的融合，推出了一大批资源丰富、互联互动、特色鲜明的新形态教材，在高等教育、职业教育教材建设中起到了引领作用。

# 教育科学出版社
## Educational Science Publishing House

教育科学出版社是由教育部主管、中国教育科学研究院主办的教育专业出版社，在国内外具有重要的品牌影响力。自 1980 年成立以来，始终秉承"弘扬教育学术，繁荣教育研究；传播国内外先进教育理念，促进中国教育改革与发展"的出版理念，在社会效益和经济效益方面都取得了累累硕果，成为展示我国优秀教育科研成果、传播国内外先进教育理念的高端平台，被读者誉为"教育理论图书出版的旗帜"。2009 年，被原国家新闻出版总署评为"全国百佳图书出版单位"；2013 年，被国家新闻出版广电总局评为"中国出版政府奖先进出版单位"。

教育科学出版社出版物品种主要包括教育理论图书、教师教育用书、高等教育与职业教育用书、家庭教育用书、中小学教材、幼儿教育用书和旨在全面提高中小学学生素质的助学读物以及相关的电子音像产品等，年出版图书 3000 余种，重印率达 70％以上，一大批图书荣获中国出版政府奖、中华优秀出版物奖等国家级奖项。

近年来，教育科学出版社持续稳步发展，至 2016 年生产码洋和发行码洋突破 15 亿元，综合经济规模在全国单体出版社中名列前茅。在全国生产码洋过亿元的出版社中，教育科学出版社被业内权威机构认定为资产质量最优、教育学术品牌最好、最具成长性的出版社，得到了社会各界的广泛认可。

[上] 教育科学出版社荣获中国出版政府奖先进出版单位、全国百佳图书出版单位等称号，有多种图书荣获国家级奖项。
[下左] 2014 年 8 月，教育科学出版社与德国施普林格出版集团签订战略合作协议。
[下右] 2016 年 8 月，教育科学出版社李东社长与世哲出版集团洽谈版权输出和对外合作。

# 后　记

　　2017 年是中国大学出版社协会成立 30 周年。新年伊始，协会就开始谋划如何来纪念。三十而立，30 年已经不是一段很短的时间，30 年间大学出版社团结在大学版协这个集体里取得了日新月异的变化、突飞猛进的发展，这既值得我们骄傲和珍惜，又饱含着大学出版人对未来的期待。因此我们感到，在此时此刻再回过头来看一看30 年一起走过的风雨历程、经历的难忘瞬间，一起沉下心来梳理、深思一下 30 年的开拓前行轨迹、有益发展经验，一定会对大学出版业未来的更好发展，进一步做好协会工作、发挥协会作用，具有承前启后、继往开来的意义。这就是这本纪念册编辑的初衷。

　　如何在一个并不太厚的书册里，用不很长的篇幅，来全方位地总结协会 30 年的工作业绩，反映出大学出版社群体及各个出版社的发展成就的确较难，我们就选取了三个角度：协会的工作业绩，以核心工作的总结、各工作方面的巡礼，配以重要工作、重大活动的照片来表现；大学出版界的整体成就，集取我们出版社、出版物、出版人的发展进步数据，及新世纪以来大学出版社获得的国家出版奖励、承担国家重大出版项目和国家级教材出版的荣誉，用综合图表、名单等形式来反映；各出版社的新发展、新风采，则以各社自己编写设计的 30 年改革发展彩页来展示。这也就是这本纪念册内容的三个主要部分。

　　在这三个部分内容的撰稿和选编上，第一部分协会工作业绩，我们虽然试图全面充分地反映协会 30 年来的工作，但限于文字篇幅，在太过丰富的工作、活动中，也只能抓住中心重点、择取要事而用；

而照片,早期的则因年代较为久远、当时的摄影手段局限等历史原因,虽经多方搜集,也显得少了一些,近年的虽多,但书中也只能有代表性的选用几张,不免让人遗憾。

第二部分大学出版界成就,为使反映大学出版界历史、发展和成就的各种数据资料真实、充分、全面,数据资料皆取自于政府网站、业界主流报刊网络媒体以及协会文件、卷籍的记载,又做了认真、大量的搜集、整理、核对工作,虽然下了很大功夫,但也难免挂一漏万。

第三部分各社30年改革发展风采,各出版社精选内容、精心设计,充分展示出了大学出版业蓬勃向上的精神风貌。各社的排序遵循了大学社群体惯常使用的先大区再音序的办法,没有名次之分。

虽然理事长会议几次具体研究方案、秘书处做出了最大的努力,但纪念册能够在这么短的时间里顺利完满的与大家见面,还是因为得到了方方面面的大力支持和帮助。

要感谢曾经领导和倾力于协会工作的沈友益、高旭华等老同志,他们既是协会事业开拓者的代表又是协会历史的见证者,在纪念册的编辑中,给我们寻访和梳理历史以有益指导。

要感谢各大学出版社的积极支持,有近百家出版社提供了精美的宣传彩页,许多出版社热情订购纪念册,使我们的这本纪念册内容更丰富更精彩,纪念册的出版更顺利更有信心。

特别要感谢北京师范大学出版社,他们主动承担了纪念册的编辑、印制工作,吕建生社长亲自挂帅,邢自兴主任具体负责,许多同志辛勤参与,精心设计、细心编辑,以精美的卷册为协会30年增添了光彩。

还有方方面面许多同志为纪念册的编辑出版做出了帮助、提供了支持。一些长期担任协会领导工作的老社长热情翻找珍藏的历史照片,中国高校教材图书网的同志积极协助查询整理资料……对各方面的帮助我们就不一一列举,在此一并致谢!

由于成书时间仓促、资料搜集困难,纪念册在内容上难免有所疏漏、文字上也许会有差错,在此还请各位同仁和读者予以谅解、给予指正。

在即将成书之际，党的十九大胜利召开，现在来看，30 年的回顾和总结也是对我们按照十九大精神为全面"推动社会主义文化繁荣兴盛"做出更大贡献的激励！

本书编委会
2017 年 12 月 1 日

图书在版编目（CIP）数据

使命与足迹：中国大学出版30年巡礼 / 中国大学出版社协会编 .
—— 北京：北京师范大学出版社，2017.12

ISBN 978-7-303-23233-8

Ⅰ . ①使… Ⅱ . ①中… Ⅲ . ①高等学校 – 出版工作 – 概况 – 中国
Ⅳ . ① G239.22

中国版本图书馆 CIP 数据核字（2017）第 312182 号

营销中心电话 010-58805072 / 58807651
北京师范大学出版社高等教育与学术著作分社 http://xueda.bnup.com

使命与足迹：中国大学出版 30 年巡礼
SHIMING YU ZUJI：ZHONGGUO DAXUE CHUBAN SANSHINIAN XUNLI

出版发行：北京师范大学出版社
        www.bnup.com ｜ 北京市海淀区新街口外大街 19 号 ｜ 邮政编码：100875
印　　刷：北京盛通印刷股份有限公司
经　　销：全国新华书店
开　　本：889mm×1194mm　1/16
印　　张：13.5
字　　数：194 千字
版　　次：2017 年 12 月第 1 版
印　　次：2017 年 12 月第 1 次印刷
定　　价：150.00 元

策划编辑：尹卫霞　　　责任编辑：邢自兴　齐　琳
美术编辑：王齐云　　　装帧设计：王齐云
责任校对：陈　民　　　责任印制：马　洁